키워드로 완성하는
AI 아트 테크닉
with 미드저니, 니지저니

키워드로 완성하는 AI 아트 테크닉 with 미드저니, 니지저니

ⓒ 2024. 권경열 All rights reserved.

지은이 권경열
펴낸이 장성두
펴낸곳 주식회사 제이펍

출판신고 2009년 11월 10일 제406-2009-000087호
주소 경기도 파주시 회동길 159 3층 / **전화** 070-8201-9010 / **팩스** 02-6280-0405
홈페이지 www.jpub.kr / **투고** submit@jpub.kr / **독자문의** help@jpub.kr / **교재문의** textbook@jpub.kr

소통기획부 김정준, 이상복, 김은미, 송영화, 권유라, 송찬수, 박재인, 배인혜, 나준섭
소통지원부 민지환, 이승환, 김정미, 서세원 / **디자인부** 이민숙, 최병찬

진행 송영화 / **교정·교열** 김도윤 / **표지디자인** 이민숙 / **내지디자인** 성은경
용지 타라유통 / **인쇄** 한길프린테크 / **제본** 일진제책사

ISBN 979-11-92987-87-3 (13000)
값 25,000원

※ 이 책은 저작권법에 따라 보호를 받는 저작물이므로 무단 전재와 무단 복제를 금지하며,
   이 책 내용의 전부 또는 일부를 이용하려면 반드시 저작권자와 제이펍의 서면 동의를 받아야 합니다.
※ 잘못된 책은 구입하신 서점에서 바꾸어드립니다.

제이펍은 여러분의 아이디어와 원고를 기다리고 있습니다. 책으로 펴내고자 하는 아이디어나 원고가 있는 분께서는 책의 간단한 개요와 차례, 구성과 지은이/옮긴이 약력 등을 메일(submit@jpub.kr)로 보내주세요.

키워드로 완성하는
AI 아트 테크닉

with 미드저니, 니지저니

권경열 지음

Jpub 제이펍

차례

2012년에 시작된 딥러닝 인공지능의 부상 이후 10년이 지나고 2022년부터 시작된 생성형 인공지능의 붐은 사회 전반에 커다란 변화를 불러오고 있습니다. 특히 자연어 문장을 생성하는 ChatGPT가 일으킨 폭발적인 반응은 유사 이래 처음 있는 일이기도 합니다. 여기에는 ChatGPT보다 더 일찍 등장한 미드저니를 비롯한 이미지 생성형 인공지능도 한몫했습니다.

생성형 인공지능은 창작의 분야에서 완전히 새로운 가능성을 열었습니다. 불과 몇 년 전만 해도 인공지능이 발전하더라도 가장 안전할 것으로 여겨졌던 일자리는 다름 아닌 미술 같은 창작의 영역이었습니다. 생성형 인공지능이 지금처럼 높은 품질의 다양한 이미지를 그려낼 수 있게 된 것은 어느 날 갑자기 이루어진 것이 아닙니다. 인공 신경망에 기반한 딥러닝 인공지능이 그동안 사물을 인식하는 것에서부터 시작하여 꾸준히 발전해왔기 때문입니다.

인식 기능이 무르익어 사람에 필적하는 수준이 되자 드디어 생성도 할 수 있게 된 겁니다. 사람도 창작을 하기 위해서는 먼저 기존 작품들을 많이 보고 모작하면서 익혀야 하듯이 인공지능도 그런 시간이 필요했던 겁니다.

이 책의 저자는 아티스트가 아니라 소프트웨어 엔지니어입니다. 여느 소프트웨어 엔지니어와 다른 점이 있다면 소설 작가이기도 하다는 것입니다. 그동안 자신의 소설 작품을 비주얼 노벨로도 내면서 글로 창작한 것을 시각적으로 표현하기도 했습니다. 다만, 시각적인 표현은 다른 전문 일러스트레이터의 도움을 받아야 했습니다.

그러다 미드저니 같은 이미지 생성형 인공지능이 등장하자 가장 반가워하며 이를 시험하기 시작했습니다. 그리고 미드저니의 자매 버전으로 일본 애니풍의 이미지에 특화된 니지저니가 나왔을 때는 더욱 반기며 자신의 비주얼 노벨 작품의 일러스트로 사용하기 위해 니지저니를 적극적으로 활용하기 시작했습니다. 소설가의 상상력이 글에서 그치지 않고, 생성형 인공지능의 도움으로 소설가가 직접 이미지까지도 만들 수 있게 된 겁니다. 그야말로 창작의 새로운 시대가 열린 것입니다.

저자는 이런 일에 일찍 뛰어든 이로서 이만한 전문가가 없습니다. 이미지 생성 모델로 미드저니는 물론, 니지저니까지 상세히 다룬 책은 아마 이 책이 처음일 겁니다. 이 책의 마지막에는 저자가 프롬프트를 작성하며 하나하나 테스트해본 360여 개의 키워드를 담은 키워드 도감이 부록으로 실려 있습니다. 이 부록만으로도 이 책은 충분한 가치가 있습니다.

김성완, GenAI Korea 운영자

이미지가 없는 삶을 상상할 수 있을까요? 당장 우리 주변을 둘러봐도 온갖 이미지로 가득합니다. 이미지는 언어를 초월한 소통능력을 가지고 있다고 합니다. 언어보다 훨씬 더 직관적이며 더 많은 내용을 담을 수 있습니다. 고대인들이 사냥감의 모습을 벽화에 남기며 사냥의 성공을 기원했던 것을 시작으로, 그림을 그린다는 행위는 인간을 다른 동물과 구분하는 큰 요소 중 하나가 되었습니다.

이제 그림은 예술 행위이자 훌륭한 소통 수단으로 활용되고 있습니다. 하지만 그림을 자신의 의도에 맞게 제작하려면 굉장히 긴 수련의 시간이 필요합니다. 물성이 있는 회화라면 물감과 캔버스의 선택부터 시작해야겠지요. 컴퓨터 안에서 그리는 이미지도 마찬가지입니다. 툴을 익히는 데 필요한 절대적인 시간이 필요합니다. 이렇듯 그림의 생산자가 되기 어렵기에 우리는 그림의 소비자에 머물러 있게 됩니다만, 최근 ChatGPT 등 생성형 인공지능의 등장은 우리 사회 전 분야에 충격을 주고 있습니다. 그리고 빠르게 인공지능과 접목된 것 중 하나가 바로 미술입니다. 이제는 그림 그리기라는 수련의 행위가 필요 없이 몇 가지 키워드만으로 훌륭한 결과를 얻을 수 있게 되었습니다. 물론 그림을 그린다는 것은 앞으로도 우리 인류의 창조적인 활동 중 하나가 될 것입니다. 하지만 당장 산업이나 취미 쪽에서 내가 의도한 그림을 확인하고 싶을 때 인공지능은 훌륭한 수단이 되어주리라 생각합니다.

이 책은 미드저니와 니지저니를 활용하는 실용적인 기술과 팁을 제공하여 인공지능으로 생성된 아름다운 그림을 손쉽게 만들 수 있도록 돕습니다. 또한 도서 전체에 걸쳐 다양한 영감을 주는 예시들을 풍부하게 제공합니다. 생생한 풍경에서 복잡한 초상화까지, 가능성은 정말 무한합니다. 이 책을 탐험하면서 여기서 사용한 도구가 나의 예술을 새로운 차원으로 끌어올릴 수 있다는 것에 놀랐습니다. 이 책은 단순히 미드저니와 니지저니를 사용하는 방법을 가르치는 안내서뿐만 아니라 실험하고 탐험하며 AI 생성 아트의 세계에서 나만의 목소리를 찾도록 초대합니다.

여러분도 이 책을 통해 행복한 창작가가 될 수 있길 바랍니다.

김정수, 투고티 대표

지속적으로 변화하는 창작의 세계에서 인공지능이 창작의 필수 도구이자 핵심 파트너로 자리 잡은 새로운 창작의 시대가 도래했습니다. 이제 이미지 생성형 인공지능을 제대로 사용하지 못한다면 빠르게 뒤처질 수밖에 없을 것입니다. 그런 면에서 이 책은 미드저니와 니지저니의 기초 사용법도 충실하게 알려주지만, 저자의 오랜 게임 개발 경험을 통한 실질적인 활용법도 풍부하게 알려주고 있어 그 가치가 더욱 높습니다. 새로운 창작의 시대, 이미지 생성형 인공지능의 제대로 된 활용법을 익히기에 아주 적합한 안내서가 될 것입니다.

김진중(골빈해커), 플레이모어 공동창업자

AI 아트가 세상에 나타나면서 일러스트레이터에 대한 우려가 가득하지만, 일러스트레이터는 AI 아트를 자신의 편으로 만들어 자신의 아트 스타일에 접목시켜 더 다양하고 매력적인 작품 세계를 만들어낼 수 있다고 생각합니다. AI로 모든 것이 변해가는 이 시점에서 일러스트레이터 또한 새로운 제작 방식을 고민하고 더 발전해가야겠지요.

이 책은 미드저니와 니지저니를 활용하여 AI 아트를 창조하는 방법을 체계적으로 안내하고, 상세한 프롬프트를 제공합니다. 저자의 성격을 반영하여 매우 친절하게 이끌어주고 있어서 일러스트레이터를 비롯하여 AI 아트에 관심 있는 초보자분들도 이 책을 통하여 쉽게 입문할 수 있을 것입니다. 부디 여러분도 AI 아트를 자기편으로 만들 수 있기를 바랍니다.

이현정, 일러스트레이터/캐릭터 디자이너

머리말

사실대로 말하자면 이 책은 제가 보기 위해 쓴 책입니다.

이미지 생성형 인공지능을 이용해 다양한 이미지를 만들기 위해서는 수많은 키워드를 이용해야 하지만, 기억하는 키워드 외에 새로운 키워드를 찾는 데는 시간이 오래 걸립니다. 또한, 눈앞에 바로 참고할 자료가 없으면 퀄리티 높은 이미지를 만들기 어렵습니다. 그래서 이 책에 다양한 방법으로 이미지를 생성하는 방법을 정리했으며, 부록에 수많은 키워드를 수록했습니다. 그렇기에, 어떤 독자보다 제가 가장 많이 펼쳐볼 책이 아닐까 싶습니다.

이 책은 인공지능을 통한 이미지 생성 방법을 연구한 결과입니다. 제가 직접 사용하며 겪은 어려움과 고민에서 출발하여, 그 고난을 극복하고 더 나은 방법으로 이미지를 만들기 위해 다양한 방법과 기술을 연구하고 정리했습니다. 인공지능을 활용하여 이미지를 만드는 것은 새로운 도구 이상의 특별한 경험입니다. 생각지도 못한 창의적인 결과물을 얻으며, 단순히 입출력 관계가 아닌 자신이 창조하는 세상의 일부를 인공지능과 함께 만들어가는 새로운 경험을 할 수 있습니다. 여기에 수록된 다양한 이미지 생성 방법과 키워드가 여러분의 창조성을 자극하고, 인공지능의 무한한 가능성을 보여줄 것이라 확신합니다. 이 책을 읽고 이미지를 만들게 되면, 콘텐츠를 생성하는 과정을 즐기면서도 더욱 효과적으로 진행할 수 있다고 확신합니다.

앞서 말했듯이 책을 쓴 주된 목적은 제가 참고하기 위해서지만, 여러분의 창작 활동에도 도움이 될 수 있다고 믿으며 인공지능과 함께하는 새로운 예술과 창조를 발견하는 여정에 나서길 바랍니다.

이 책을 만드는 데 있어 여러 사람의 도움이 있었습니다. 현재 몸담은 카페일분 양성환 대표님의 배려로 퇴근 후 집필에 집중할 수 있어서 고마웠습니다. 이 책이 세상에 빛을 볼 수 있게 해주신 김성완 교수님, 직장을 다니는 도중에도 AI 강연을 흔쾌히 허락해주신 클래스101 대표님, 추천사를 써주신 김정수 님, 김진중 님, 이현정 님 모두 감사드립니다.

물심양면으로 도와준 아내와 말썽꾸러기지만 사랑스러운 아들에게도 고맙다는 말을 전합니다.

권경열

Artificial intelligence that draws
pictures.

그림 0-1 **그림 그리는 인공지능**

인공지능이 그림을 그리는 시대가 되었습니다. 창의성만큼은 인공지능이 인간을 따라잡는 시기가 가장 늦을 거라고 믿었던 때가 있었습니다. 하지만 2022년, 2023년에 접어들면서 가장 눈부시게 발전한 분야는 인공지능의 창의적인 부분입니다. 인간의 고유한 영역이라고 생각했던 창의성에 사실 특별한 게 없다는 인식이 생길 만하지요.

그렇다고 해도 인간이 할 일은 여전히 존재합니다. 인공지능 그림이 평범한 사람보다 잘 그린다고 해도, 아직 전문가 수준을 넘지는 못했습니다. 인공지능이 인간보다 싸고 빠르기에 대다수 사람을 대체할지 모르지만, 아주 일부의 천재보다 뛰어날 수는 없죠. 그 이유는 인간에게서 배웠기 때문입니다.

또한, 작업 과정에 인공지능이 필요할지라도 마무리는 인간의 손길이 여전히 필요합니다. 인공지능이 독창적이고 창의적인 결과물을 만들 수 있지만, 사실 그것은 모방과 허구, 학습한 데이터의 조합에서 오는 것에 지나지 않습니다. 반면, 인간이 가진 창의성은 대체 불가능합니다. 인간의 창의성은 위험을 감수하며 새로운 아이디어를 탐구하는 것을 포함합니다. 진심을 담아 만든 콘텐츠에는 감정의 깊이가 있습니다.

인공지능으로 만든 콘텐츠가 언뜻 보기에 매력적일 수 있지만, 사람들이 인간이 만든 결과물에 더 큰 매력을 느끼는 이유는 예술가의 경험과 감정, 내면세계의 일부를 작품에 담기 때문입니다. 인간의 작품에는 경험과 실패에서 얻은 성장이 있지만, 인공지능은 그러한 경험이 없기에 인간의 매력을 담지 못하는 단조로운 콘텐츠가 됩니다. 그래서 온전히 인공지능으로만 창작할 수 없습니다.

그럼에도 불구하고 인공지능 기술은 필요합니다. 이야기 콘텐츠를 예로 들자면 소설보다는 만화에 접근하기 쉽고, 만화보다는 애니메이션에 조금 더 접근하기 쉽습니다. 그래서 사람들이 디즈니, 픽사, 지브리 등 애니메이션에 열광하는 것이죠. 그런 이유로 제가 표현하고 싶은 작품을 글로만 표현하기보다 그림을 더해 시각적인 부분을 보완하고 싶었습니다.

하지만 저는 그림을 조금도 그리지 못합니다. 그래서 최근 인공지능을 활용하여 그림을 그릴 수밖에 없지만, 덕분에 그림을 직접 그리지 않고도 작품에 시각적인 요소를 더할 수 있게 되었습니다. 만약 저보다 그림을 더 잘 그리는 사람이 인공지능을 이용해 그림을 그린다면, 결과물을 더 날카로운 눈으로 볼 수 있고 고칠 점도 더 많이 발견할 수 있지 않을까요? 미흡한 점도 재구성하여 더 멋진 결과물을 만들 수 있을 겁니다.

기술의 발전으로 방을 빗자루로 쓸기보다 진공청소기나 로봇청소기로 빠르게 청소할 수 있으며, 세탁과 건조, 설거지 역시 직접 하는 것에 비해 아주 적은 시간만 투자해도 더 나은 결과를 얻을 수 있게 되었습니다. 인공지능의 발전도 마찬가지입니다. 제가 쓴 글을 전 세계의 언어로 빠르게 번역할 수 있으며, 상상 속에서만 존재했던 이미지가 실제로 눈앞에 그려지는 세상이 열렸습니다. 이렇게 인공지능의 발전으로 자신의 상상력을 더 멋지게 표현할 수 있는 세상이 온 것입니다.

인공지능이 빠른 속도로 발전하는 것을 거부할 수 없겠죠. 흐름을 거스르기에는 너무 거세니까요. 그렇다면 흐름을 타는 건 어떤가요? 적은 노력으로 훌륭한 결과물을 만들 기회가 왔는데 놓치면 아깝지 않을까요? 나만 뒤처질 수 없지 않나요? 인공지능을 활용하면 이전보다 빠르고 쉬운 방법으로 자신만의 콘텐츠를 만들 기회가 바로 눈앞에 있습니다.

이 책을 통해서 여러분만의 콘텐츠를 과거와 다르게 빠른 속도로, 높은 퀄리티로 만드는 방법을 배울 수 있습니다. 자, 그럼 이제 시작합니다.

walking into a ai book. --ar 2:3 --v
6.0 --style raw

미드저니와
니지저니

미드저니와 니지저니

"인공지능(AI)이 이겼고, 인간이 패배했다."

미국 '콜로라도 주립 박람회 미술대회'의 디지털 아트 부문 우승을 차지한 제이슨 M. 앨런Jason M. Allen은 인터뷰에서 이런 소감을 밝혔습니다. 왜냐하면 그는 미드저니를 통해 만든 작품을 제출했고, 인간이 그린 어떤 출품작보다도 더 나은 수상 결과를 얻게 되었으니까요.

텍스트를 이미지로 만드는 서비스는 인공지능이 인간의 말을 알아듣게 하는 훈련에서 파생되었습니다. 처음에는 주어진 사진을 텍스트로 설명하는 것부터 시작했습니다. 수많은 이미지와 텍스트 태그를 훈련하면서 주어진 이미지가 어떤 그림인지 알게 되었으며, 텍스트에 알맞은 이미지가 어떤 모습인지도 학습했지요.

그런 기술이 만들어진 후, 텍스트를 읽어 이미지를 만드는 학습을 시작했습니다. 이런 학습으로 만들어진 인공지능 서비스 중 하나가 미드저니Midjourney, 그 후에 나온 니지저니niji·journey입니다. 높은 퀄리티의 수많은 이미지를 학습하여, 사람이 단어와 문장을 적으면 문장 안의 단어를 인식하여 짧은 시간 안에 이미지를 생성합니다.

미드저니는 높은 퀄리티의 예술 작품과 비슷한 이미지를 만들지만, 일본 애니메이션에서 나오는 것 같은 그림을 그리진 못했습니다. 그렇기에 일본풍의 귀엽고 멋진 애니메이션 그림체를 원하는 사람의 욕구를 충족하기 위해 등장한 서비스가 니지저니입니다.

다음은 같이 동일한 키워드를 미드저니와 니지저니에 입력하여 그림을 만들어보았습니다.

✚ 미드저니 사용

brown short hair, brown eyes, very
cute girl, upper body, white skin,
beige winter jacket, smile, Inside a
modern break room --ar 1:1 --v 5.1

✚ 니지저니 사용

```
brown short hair, brown eyes, very
cute girl, upper body, white skin,
beige winter jacket, smile, Inside a
modern break room --ar 1:1 --style
cute --niji 5
```

미드저니와 니지저니의 차이가 보이나요? 키워드로 그림을 그리는 방식은 동일하며 둘 다 훌륭한 결과물을 만들지만, 그림 스타일은 많이 다르지 않나요?

같은 회사에서 사용하는 같은 알고리즘을 통해 만들지만, 인공지능이 어떤 그림을 학습하는지에 따라 결과물이 달라집니다.

사용자는 미드저니와 니지저니 중 취향에 맞는 서비스를 이용하여 결과물을 얻으면 됩니다. 이 책에서는 실제 활용하는 방법까지 다루기에 상황에 맞는 서비스를 이용해 이미지를 생성하여 활용하겠습니다.

1.1 다른 인공지능과의 차이점

장점

■ 쉽게 시작할 수 있다.

복잡한 설치과정 없이 서비스에 가입하기만 하면 바로 사용할 수 있습니다.

■ 컴퓨터가 없어도 된다.

컴퓨터가 없더라도 휴대전화에 디스코드Discord 앱이 설치되어 있다면 언제 어디서든 이미지를 생성할 수 있습니다. 즉, 지하철이나 버스로 이동 중에 복잡한 설치 과정 없이 즉시 결과를 얻어낼 수 있습니다.

■ 원하는 수준의 결과물을 빠른 속도로 확인할 수 있다.

컴퓨터에 설치해서 사용하는 이미지 생성 인공지능의 경우 컴퓨터와 그래픽 카드의 사양이 좋아야 하며, 장비를 갖추었다고 해도 오랜 기다림이 필요합니다. 하지만 미드저니와 니지저니의 경우엔 저사양의 컴퓨터나 휴대전화에서도 속도 저하가 일어나지 않습니다. 이미지 생성은 서버에서 하고 우리는 그 결과를 받을 뿐이기 때문입니다. 또한 다른 서비스에 비해 아주 높은 품질의 결과물을 얻을 수 있습니다.

■ 원하는 모델을 찾지 않아도 된다.

컴퓨터에 설치해서 사용하는 인공지능은 자신이 원하는 이미지를 찾기 위해서 다양한 곳에서 모델을 다운받아 설치하고 그 모델을 다시 합성하는 등의 노력이 들어갑니다. 또한, 그 모델이 없다면 아무것도 만들 수 없는 상태가 됩니다. 그렇지만 미드저니와 니지저니를 이용하여 만든다면, 그리고 키워드와 seed값을 잘 활용하면 원하는 품질의 그림을 어렵지 않게 만들 수 있습니다.

■ NSFW가 나오지 않는다.

NSFW는 'not safe for work', 즉 의역하자면 '후방주의'입니다. 다른 많은 인공지능 서비스를 이용하다 보면 건전한 키워드를 사용해서 만들어도, 공공장소에서 볼 수 없을 정도로 성적이고 민망한 사진이 나올 수 있습니다. 반면에 미드저니와 니지저니는 이러한 이미지를 생성하지 않으며, 건전하지 않은 키워드를 넣어도 경고가 뜨면서 이미지를 생성하지 않아 안전합니다.

- **만들어진 이미지를 공유하거나 출판할 수 있다.**

무료 사용자인 경우 비상업적인 용도에서 사용할 수 있습니다. 반면에 유료 사용자인 경우 상업적인 용도에서도 자유롭게 사용할 수 있습니다. 즉, 이 서비스로 만든 결과물을 이용하여 출판, 게임 개발 등 여러 사용처에서 사용 후 판매도 가능합니다.

단점

- **유료**

무료로 사용할 수 있는 시간이 제한되어 있습니다. 이미지를 만들고 결과물이 나올 때까지의 서버 사용 시간을 기준으로 25분까지 체험할 수 있습니다. 보통 결과물이 나올 때까지 1분 정도의 시간이 소요되므로 25번 정도 만들 수 있습니다. 그 이후로는 결제를 해야 사용 가능합니다.

- **디스코드에서만 사용 가능하다.**

웹에서 바로 사용할 수 없으며 디스코드에 가입한 후 채널에 들어가야 사용할 수 있습니다. 웹에서 바로 사용할 수 있는 다른 서비스에 비해 한 단계가 더 들어가서 처음 시작하기에 불편할 수 있습니다.

- **품질이 항상 만족스럽지는 않다.**

같은 키워드로 만든다고 해도 랜덤값이 들어가기에 항상 동일한 품질이 나오지는 않습니다. 얼굴 모양이 뭉개질 수 있고 배경이 이상하게 나오거나 손가락이 자연스럽지 않은 결과물이 나올 수 있습니다.

1.2 어떤 사람에게 필요할까?

결론부터 말하자면 퀄리티 높은 이미지를 손쉽게 얻고 싶은 사람이라면 누구에게나 필요합니다. 다음과 같은 이미지를 1분이면 그릴 수 있습니다.

배경삽화가 필요한가요?

배경 묘사를 글로만 하기보다 멋진 풍경 이미지를 곁들이는 것은 어떨까요?

아니면 실제 사진처럼 보이지만 현실에는 없는 풍경, 소설에서나 나올 만한 풍경이 필요하다면 어떨까요? 인공지능의 도움이 있다면 상상 속의 이미지를 구체화할 아이디어를 얻을 수 있을지도 모르지요.

in the mountains. Midsummer, full of trees, flowers blooming, sunlight shining, --ar 16:9 --v 5.1

A large plain filled with volcanic ash. Cloudy skies. Canon RF 16mm f/2.8 STM Lens --ar 16:9 --v 5.1

새로운 로고가 필요한가요?

무언가를 새로 시작할 때. 구체적인 이미지가 잡히지 않아서 어려움을 겪고 있다면 미드저니에게 부탁해보는 건 어떨까요? 몇 안 되는 단어만으로도 원하는 이미지를 얻을 수 있답니다. 다음 예시처럼 'logo'라는 단어와 간단한 키워드의 조합으로 말이죠.

Night sky logo, transparent background --ar 2:3 --v 5.1

cup of coffee logo, transparent background --ar 2:3 --v 5.1

소설 책에 나오는 주인공의 이미지를 그려보고 싶나요?

주인공의 대략적인 이미지만 잡았나요? 그렇다면 니지저니를 이용해 구체화하는 건 어떨까요? 성별, 머리카락 색, 주인공과 함께한 배경 등 몇 가지 정보만으로 캐릭터를 디자인하면 그 이미지로 소설의 묘사가 풍부해질 가능성도 있지 않을까요?

A cute girl teenage, orange color long hair, pure white skin, summer beach, smile, --ar 16:9
--niji 5 --style scenic

beautiful woman, red short hair, soft light, Bokeh, smile, disney style --ar 16:9 --niji 5
--style scenic

집이나 사무실의 액자에 들어갈 명화가 필요한가요?

벽이 허전하여 액자를 걸고 싶지만 알맞은 그림이 없나요? 아니면 조금 더 개성 있는, 나만의 액자를 만들어보고 싶나요? 컴퓨터나 휴대전화 바탕화면을 새로운 그림으로 바꾸고 싶나요? 그럴 때 마음에 드는 작가의 이름을 키워드로 넣으면 원하는 예쁜 그림을 만들 수 있답니다. 심지어 그 작가가 생전에 그리지 않았던 그림까지도 말이죠.

in forest, small hut, full flowers, full trees, sunshine, small water Streams, peacefull, patinted by Jean Haines --ar 16:9 --v 5.1

masterpiece, Cinematic, bokeh, Painting By Van Gogh, --ar 3:4 --v 5.1

자신이 쓴 일기에 그림을 넣어볼까요?

글만으로 부족했던 일기장에 그림이 들어간다면 어떨까요? 또는 그림책을 만들고 싶었지만, 그림 실력이 없어서 만들 수 없었나요? 미드저니와 니지저니는 어떤 스타일이라도 원하는 대로 만들어 주는 마법 같은 도구랍니다.

Storybook Illustration, walking in the park, girl and boy, Stipple, like cartoon --ar 3:4 --v 5.1

Storybook Illustration, eating dinner in restaurant, girl and boy, --ar 4:3 --v 5.1

상상 속에서만 그렸던 이미지를 눈으로 보고 싶나요?

읽었던 책 속에 글자로만 존재했던 풍경을 재현해보고 싶지 않나요? 내가 상상했던 그 이미지가 인공지능이 상상한 그림과 비슷한지 확인해보고 싶다면 그것도 할 수 있습니다. 읽었던 글을 인공지능으로 그려보는 거지요.

laputa, on the
sky, black space
and stars, in the
air island, trees,
flowers, --ar 4:3
--v 5.1

Fantastic world,
ultra wide shot, high
angle, huge hill,
flying huge dragon,
many monsters, Lens
Flare, --v 5.1 --ar
4:3

In the distance, the black sky turns navy blue and you begin to see bits and pieces of your surroundings. The clouds change color with each passing second. --ar 16:9 --v 5.1

여기서 보여드린 예는 인공지능을 이용해 그릴 수 있는 그림의 극히 일부분이며, 여러분이 상상력을 발휘하여 어떤 키워드를 입력하는지에 따라 수많은 결과를 만날 수 있습니다. 앞으로 어떻게 하면 자신이 원하는 결과에 더 가까이 다가갈 수 있을지 보여드리겠습니다.

소설 속의 배경과 캐릭터를 그림으로 묘사하고, 상상으로만 그렸던 장면을 실제로 그려내고, 내게 필요한 그림을 얻을 수 있다면 글로 다 표현하지 못했던 것을 그림으로 보충해서 표현할 수 있습니다.

이제부터 여러분의 상상력을 채워줄 도구를 어떻게 사용하는지 배워보겠습니다.

Children of different races lying in bed reading a book. --ar 3:2 --niji 5

CHAPTER

2

미드저니와
니지저니
시작하기

CHAPTER 02

미드저니와 니지저니
시작하기

먼저 니지저니를 시작하기 위한 방법을 설명하겠습니다. 미드저니와 니지저니 모두 디스코드에서 사용할 수 있으며 둘 중 어느 하나를 결제하면 둘 다 함께 사용할 수 있습니다. 저는 비주얼 노벨이나 웹소설에 들어갈 이미지를 주로 만들기 때문에 니지저니를 많이 사용합니다. 그래서 여기서는 니지저니를 통해 시작하는 방법을 설명하겠습니다. 미드저니도 크게 다르지 않으니 무엇이든 편한 것으로 시작하면 됩니다.

2.1 니지저니 사용 준비하기

웹 브라우저를 통해 니지저니 홈페이지(https://nijijourney.com/)에 접속하면 그림 2-1과 같은 화면이 나옵니다.

그림 2-1 니지저니 메인 화면(1)

위의 화면이 나오면 당황하지 않고 스크롤을 아래로 내립니다.

그림 2-2 니지저니 메인 화면(2)

스크롤을 아래로 내리면 그림 2-2와 같은 화면이 나오며, 거기서 [Start Now!] 버튼을 누르면 시작할 수 있습니다.

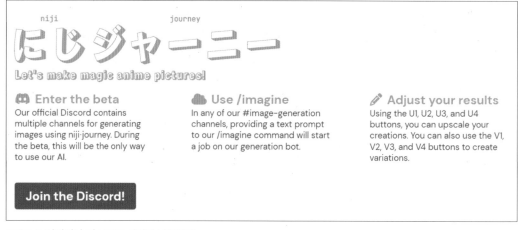

그림 2-3 니지저니 디스코드 서버에 가입하기

그림 2-3과 같은 화면이 나오면 [Join the Discord!]를 눌러 디스코드 서버에 초대받을 수 있습니다. 디스코드 서버에 가입하면 니지저니를 시작할 수 있습니다. 디스코드에 가입되어 있지 않다면 가입하면 됩니다. 가입 자체는 어려운 일이 아니기에 따로 설명하지 않겠습니다. 데스크톱이나 모바일 어디에서도 가입이 가능합니다.

그 후 디스코드의 니지저니의 서버에 찾아가면 다음과 같은 화면을 볼 수 있습니다. 웹 또는 디스코드 앱에서 접속할 수 있습니다.

그림 2-4 디스코드의 니지저니 서버 화면

그림 2-4와 같은 화면까지 나왔다면 이제부터 니지저니를 시작할 수 있습니다. 미드저니와 니지저니의 사용방법은 크게 다르지 않으니 니지저니 위주로 설명하겠습니다.

2.2 디스코드에서 니지저니로 그림 만들기

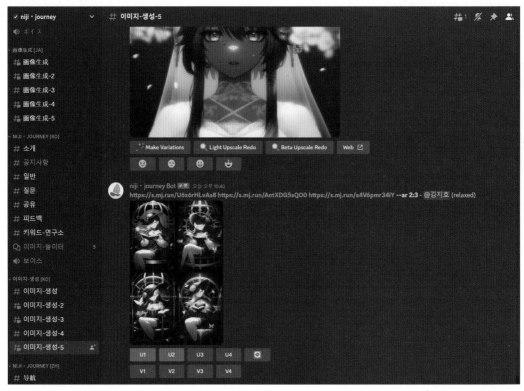

그림 2-5 니지저니 이미지 생성 화면

그림 2-6 니지저니 아이콘

디스코드의 왼쪽에 있는 그림 2-6의 아이콘을 클릭하면 그림 2-5와 같은 화면이 나타납니다. [niji·journey]에 들어가면 왼쪽 목록에 수많은 방이 나오는데, 그중 [이미지-생성 [KO]]을 선택 후 5개의 방 중 하나에 들어가면 그 방에서 이미지를 생성할 수 있습니다. 한글 생성방은 5개가 있지만 영어, 일본어, 중국어 등 다른 방에서도 이미지 생성이 가능합니다.

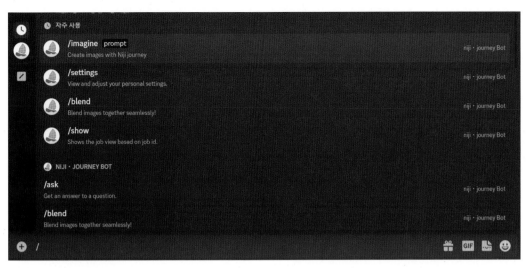

그림 2-7 **채팅창 입력 예시**

그 채팅창에 '/'를 입력하면 그림 2-7과 같은 목록이 나오는데, 이미지를 만들기 위해서 /imagine 을 선택합니다.

그림 2-8 **프롬프트 입력 박스**

/imagine을 선택하면 그림 2-8과 같이 텍스트를 입력하는 프롬프트prompt 박스가 나타나며, 그 곳에 키워드를 입력하면 키워드에 맞는 이미지를 그리기 시작합니다.

우선 이 책의 표지를 만들어보겠습니다.

그림 2-9 **이미지 생성 중인 모습**

프롬프트 안에 ai book이라는 키워드를 적고 엔터를 누르면 위와 같은 이미지를 생성합니다. 아직 생성 도중이라 62%라고 나오지만, 다 만들어지면 완성된 이미지를 출력해줍니다.

그림 2-10 **이미지 생성 완료한 모습**

1분도 걸리지 않아 ai book이라는 키워드로 4개의 이미지를 생성했습니다.

여기서 중요한 것은 같은 키워드를 입력하더라도 니지저니는 매번 다른 결과를 내놓는다는 점입니다. 이미지를 생성하는 방식이 seed값을 이용해서 만드는데 seed값을 고정하지 않으면 매번 다른 이미지가 생성되게 됩니다. 여기에 관한 자세한 설명은 나중에 하겠습니다.

그림 2-10을 보면 이미지 결과 아래 [U1], [U2], [U3], [U4] 버튼과 [V1], [V2], [V3], [V4] 버튼이 있으며, 그림 2-11을 보면 새로고침 버튼이 오른쪽에 튀어나와 있는 것을 확인할 수 있습니다.

[U1]부터 [U4]까지는 해당 이미지를 확대하는 버튼으로 왼쪽 위가 1, 오른쪽 위가 2, 왼쪽 아래가 3, 오른쪽 아래가 4번 이미지입니다.

[V1]부터 [V4]까지는 해당 이미지를 토대로 변형해서 출력하라는 의미입니다. 이 버튼은 사용자가 원하는 이미지에 가깝게 나왔을 때 유용합니다. 같은 프롬프트라고 해도 다시 이미지를 생성한다면 완전히 다른 이미지가 나오기 때문에, 원하는 이미지에 가깝게 나온 이미지에서 약간의 변형만 하고 싶을 때 사용하는 버튼입니다.

먼저 가장 화려한 이미지인 3번째(왼쪽 아래) 이미지를 토대로 변형해보겠습니다([V3]을 누릅니다).

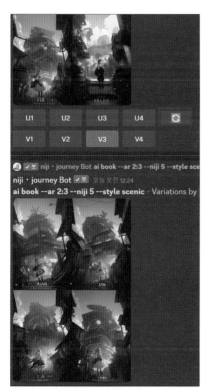

그림 2-11 **이미지 변형 출력하기**

앞의 이미지처럼 비슷하지만, 조금씩 다른 이미지가 생성되었습니다. 당장 이 책의 표지로 써도 될 만큼 훌륭한 퀄리티의 그림이 나왔습니다. 생성된 이미지를 크게 보려면 이미지를 클릭하면 됩니다.

그림 2-12 새롭게 변형 출력된 이미지

여기서 더 크게 보려면 [브라우저로 열기]를 클릭하면 됩니다. 그러면 웹 브라우저에 해당 이미지가 나오고, 이미지의 확대와 축소가 가능해지므로 좀 더 자세히 살펴볼 수 있습니다.

이 중 오른쪽 위의 이미지가 마음에 드니 [U2] 버튼을 눌러 그 이미지를 확대하겠습니다.

그림 2-13 **이미지 아래 선택 버튼을 누를 수 있습니다.**

위의 이미지처럼 [U2] 버튼을 눌러 2번째 이미지를 확대할 수 있습니다.

그림 2-14 **선택한 이미지가 확대된 모습**

훌륭한 책 표지가 나왔습니다. 다만, 글자가 있어서 이대로는 이 책의 표지로는 쓸 수 없습니다. 포토샵 등 이미지 편집 도구를 이용하여 조금만 손보면 충분히 책 표지로 사용할 수 있습니다.

참고로 미드저니 또는 니지저니의 버전 4 이하에서는 [U1]~[U4] 버튼으로 선택한 이미지는 확대하는 과정에 변형이 일어납니다.

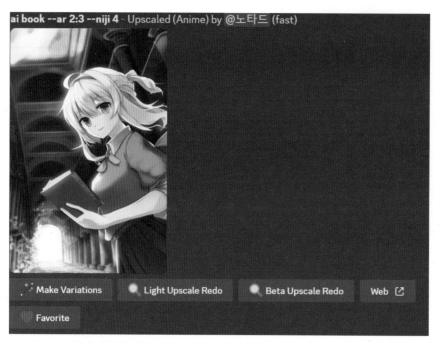

그림 2-15 니지저니 버전 4로 만든 예제

[Light Upscale Redo]는 확대한 이미지를 더 크게(그림 2-15에서 만든 이미지의 경우 1280×1664px) 키워주면서 표면을 조금 더 부드럽게 변환합니다. 하지만 그 품질이 좋지 않기에 다른 방법으로 확대하는 편이 좋습니다.

[Beta Upscale Redo]는 작은 이미지를 키우면서 여러 효과가 더 들어가서 자연스러운 확대를 하지만, 그 전에 만들어진 작은 이미지에서 본 원본이 더 마음에 들었다면 원본 형태로, 커진 이미지와 동일한 해상도로 만드는 버튼입니다. 즉, 이미지를 확대하면 사소한 변형이 일어나게 되지만, 이 버튼을 사용하면 해당 이미지의 변형 없이 해상도만 크게 만들 수 있습니다.

이 부분에 관해서는 옵션을 다루며 자세히 설명하겠습니다.

2.3 다양한 옵션 사용하기

이 부분은 미드저니에 훨씬 많은 옵션이 있으니 미드저니에서 살펴보겠습니다.

니지저니와 미드저니는 같은 계정을 공유하니 니지저니에 가입했다면 https://www.midjourney.com/에서 바로 시작할 수 있습니다.

그림 2-16 **미드저니 아이콘**

미드저니는 디스코드에서 그림 2-16과 같은 아이콘을 선택하면 들어갈 수 있습니다.

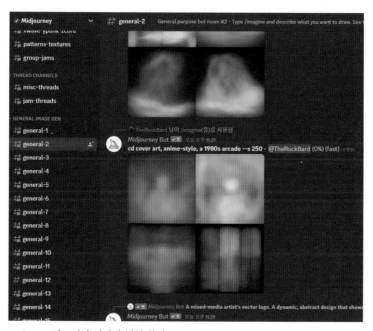

그림 2-17 **미드저니 이미지 생성 화면**

그림 2-17처럼 이미지 생성하는 방이 있으며 그중 하나를 선택하면 됩니다. 채팅창에서 /settings 을 입력하면 다음과 같은 메뉴가 등장합니다.

그림 2-18 **미드저니의 옵션 메뉴 목록**

그림 2-19 **니지저니의 옵션 메뉴 목록**

버전에 따른 결과물

미드저니에는 다양한 버전이 있으며 그 외에 [niji Model V4], [Niji Model V5]라는 메뉴도 있습니다. 버전에 관한 공식 홈페이지에는 다음과 같은 설명하고 있습니다.[*]

> Midjourney는 효율성, 일관성 및 품질을 개선하기 위해 정기적으로 새 모델 버전을 출시합니다. 최신 모델이 기본값이지만 --version 또는 --v 매개변수를 사용하거나 /settings 명령을 사용하여 모델 버전을 선택하면 다른 모델을 사용할 수 있습니다. 모델마다 이미지 유형에 따라 성능이 다릅니다.

미드저니, 니지저니는 이 책을 쓰는 도중에도 계속 발전 중이며 학습을 이어가고 있습니다. 그렇기에 버전 1부터 시작하여 현재 5.2까지 나왔으며 니지저니는 미드저니 버전 4가 나오는 시기에 등장하여 버전 5까지 나왔습니다. 각 버전마다 특징이 있으며, 버전에 따라 미드저니와 니지저니가 학습한 그림이 달라지기에 원하는 버전으로 만드시면 됩니다.

거기에 더하여 니지저니는 버전 5에서 다양한 스타일을 선보였습니다.

---

[*] https://docs.midjourney.com/docs/model-versions

■ 미드저니 버전

beautiful girl, portrait, --ar 2:3 --seed 1000

■ 니지저니 버전

beautiful girl, portrait, --ar 2:3 --seed 1000

미드저니 [settings] 메뉴의 [niji Version]은 미드저니 서비스 내에서 니지저니의 결과물을 보여준 다는 의미입니다. 미드저니 버전 6가지와 니지저니 버전 2가지 중 하나를 선택할 수 있습니다. 그 중 하나를 선택하고 키워드로 이미지를 만들면 그 버전에 해당하는 결과물을 얻을 수 있습니다.

그다음 [Half quality]와 [High quality], [High quality(2x)]가 있는데, 말 그대로 이미지 품질을 어

느 정도로 나타낼 수 있는지 선택할 수 있습니다. 퀄리티가 올라갈수록 서버의 사용 시간이 많아지기에 더 많은 비용이 발생합니다.

그리고 니지저니의 [settings]은 미드저니와 차이점이 있습니다. 니지저니는 버전 5부터 스타일을 지정할 수 있으며, 해당 스타일마다 다른 느낌의 이미지를 출력할 수 있습니다. 그럼 니지저니의 스타일에 대해 알아보겠습니다.

니지저니의 스타일

니지저니 스타일을 적용하기 위해서는 앞의 [settings] 메뉴에서 스타일 버튼으로 선택할 수 있습니다. 그 외의 방법으로는 Default Style로 지정한 후, --style cute를 추가하는 방법이 있습니다. 예를 들어 앞에 썼던 beautiful girl을 적은 뒤 --style cute를 추가하면 귀여운 그림체로 그려줍니다. --style scenic, --style expressive 등으로 활용할 수 있습니다(사용 예: beautiful girl --style expressive).

■ Expressive style

Expressive style은 더욱 사실적인 캐릭터의 눈을 그려줍니다. 또한, 아름다운 피부 표현을 제공하며 반투명 물체에 원하는 빛의 효과를 주어 깨끗하고 좋은 품질의 피부를 그려줍니다. 물체의 물질감과 무게감을 주기 위해 높은 채도로 색을 표현하기에 3D 모델링 느낌의 그림도 훌륭하게 그려주며, 생동감 있고 따뜻한 느낌을 주어 작품의 깊이를 더해줍니다.

a beautiful girl swimming underwater --ar 1:1

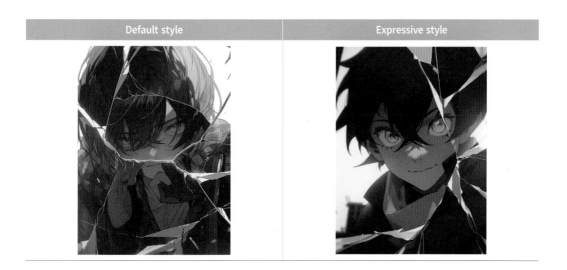

| Default style | Expressive style |

A dark-haired boy behind the glass.

■ Cute style

Cute style의 경우 사랑스럽고 귀여운 얼굴 스타일링을 목표로 만들어진 스타일입니다. 조명이 구도에 미치는 영향을 최소화하여 부드럽고 평평한 음영으로 만들어지며, 다른 스타일과 달리 캐릭터의 요소를 강조하기 위해 다른 요소가 미치는 영향을 최소화한 스타일입니다. 즉 특정 요소에 주의를 집중시키고 깊이를 더하기 위해, 그 외의 장면은 단순한 이미지와 빈 공간으로 채우고 집중할 대상은 자세하고 섬세한 묘사를 합니다. 이런 기법을 이용해 시각적으로 강렬한 이미지를 만듭니다.

| Default style | Cute style |

cat running in summer park --ar 1:1

| Default style | Cute style |

```
girl, fantasy period outfits, red hair, blue eyes, A snowy garden. --ar 4:3 --niji 5
```

■ Scenic style

Scenic style은 멋진 배경을 만들고자 하는 사람들에게 유용합니다. 만화책, 엽서, 포스터 또는 생동감 넘치는 장면이 필요한 기타 프로젝트에서 멋진 비주얼을 만드는 데 사용할 수 있습니다. 또한, 멋진 배경으로 강력하고 감정적인 캐릭터의 순간을 잡아내어 그린 이미지를 만드는 데 적합합니다. 기본 아트 스타일과 달리 이 스타일은 이전 세 가지 스타일에서 사람들이 좋아했던 것을 기반으로 합니다.

디폴트와 유사하게 Scenic style은 현대 애니메이션의 페이셜 디자인을 사용합니다. Expressive style과 마찬가지로 Scenic style에는 사실적인 조명과 그림자를 만드는 고도로 발전된 시스템이 있습니다. 이를 통해 아름다운 배경을 만듭니다. 또한 캐릭터의 장면을 만들기 위해 Cute style의 강력한 그래픽 요소를 통합하여 구도 간의 완벽한 균형을 이룹니다.

Default style	Scenic style

zoo, postcard style, --ar 1:1

Default style	Scenic style

cafe poster --no frame

■ Original style

Original style은 니지저니의 디폴트 스타일에서 발전한 형태입니다. 해당 스타일의 특징은 다음과 같습니다. 빛과 그림자의 표현 기술을 보다 향상시켜 입체감을 올렸습니다. 그렇기에 밝은 부분과 어두운 부분을 세밀하게 표현하여 깨끗한 그림이 됩니다. 부연 설명을 하자면, 그림자와 빛 부분의 톤의 통일성이 만들어져 일관성을 유지할 수 있습니다. 또한, 눈 하이라이트 등의 디테일이 개선되었습니다. 애니메이션의 그림은 세세한 디테일이 강력한 구도를 만들기 위한 중요한 포인트이므로, 여러분이 만들고자 하는 작품에 힘을 실어줄 것입니다.

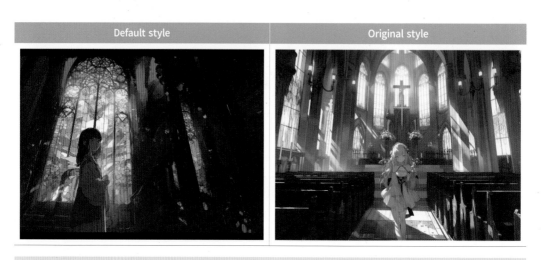

A girl received a bright light inside a church. --ar 4:3

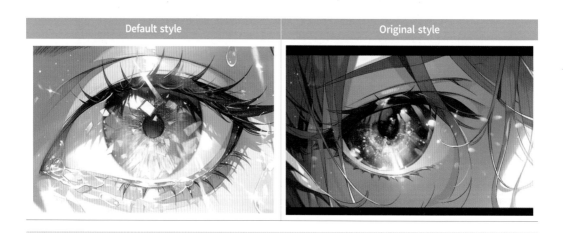

Close-up of eye --ar 3:2

Stylize

미드저니와 니지저니에서 제공하는 style 옵션입니다. 앞에서 살펴본 니지저니의 스타일과는 다른 종류입니다.

다음은 미드저니의 공식 디스코드에서 밝힌 내용입니다.

1. 스타일화 인수를 사용하면 '기본 스타일링'의 강도를 변경할 수 있습니다. 즉, '–s 100'과 같은 방식으로 사용할 수 있습니다.

2. 0에서 1000 사이의 값으로 설정할 수 있습니다(기본값은 100).

3. 0으로 설정하면 이미지 품질이 떨어질 수 있지만 보다 세밀하게 제어할 수 있습니다. 즉, 프롬프트에 더 충실합니다.

4. 반대로 숫자가 크면 프롬프트에서 벗어나는 결과가 조금 더 많아지게 됩니다.

또한 자세한 수치를 적지 않아도 [Style Low], [Style Med], [Style High], [Style Very High]에 체크하면 수치가 자동으로 들어갑니다. [Style Low]는 50, [Style Med]는 100, [Style High]는 250, [Style Very High]는 750의 값이 들어가게 됩니다. 숫자가 작으면 프롬프트에 충실하고, 커질수록 창의성을 발휘하여 자유롭게 만드는 경향이 있습니다.

–s 50	–s 1000

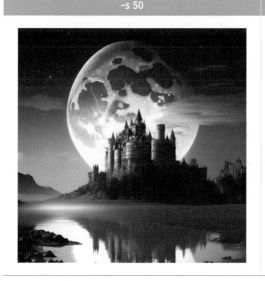 

```
castle in the skies, huge moon background --seed 100 --v 4
```

앞의 이미지에서 같은 그림을 그리기 위하여 seed값을 고정하고 스타일값을 50과 1000을 입력하여 서로 비교했습니다. 차이점이 보이시나요? 숫자가 낮을수록 프롬프트에 충실하게 그리도록 노력하고, 높을수록 조금 더 자유롭게 그려줍니다. 여기서 seed값을 고정한다는 것은 같은 이미지를 그린다는 의미와 같습니다.

다시 말하자면, seed는 이미지를 선택하는 값이라고 볼 수 있습니다. 글자를 이미지로 변환하는 과정에서 무작위성을 사용하여 유용한 결과를 보여줍니다. 만약 같은 단어를 입력할 때 같은 이미지가 나온다고 가정하면 인공지능의 그림이 획일화되기에 그다지 매력적이지 못할 것입니다. 그래서 seed는 다양한 이미지를 생성하도록 하는 값입니다. 이 값을 프롬프트에 포함하지 않는다면 서버의 시간을 이용하여 무작위 seed값을 불러와서 그립니다. 반대로 무작위성을 줄이고 싶을 때도 있을 수 있습니다. 미드저니가 보여준 이미지 중 마음에 드는 이미지에서 약간만 바꿔서 다시 그리고 싶다면 이때 seed값을 고정하면 됩니다. 이 값을 사용하면 무작위성을 줄여 비슷한 이미지를 얻을 수 있습니다. 자세한 사용법은 뒤에서 다시 살펴보겠습니다.

이번에는 우리에게 친숙한 귀여운 고양이로 비교해보겠습니다.

cute cat, --seed 1234 --v 4 --s 50

cute cat, --seed 1234 --v 4 --s 100

```
cute cat, --seed 1234 --v 4 --s 250
```

```
cute cat, --seed 1234 --v 4 --s 750
```

스타일 수치를 높이면 조금 더 귀엽고 예쁜 이미지가 나오는 경향이 있습니다. 또한 스타일 수치가 낮을수록 일관된 결과가 나오며 그림 자체의 오류가 줄어듭니다. 또한 구도와 디테일이 올라갑니다. 스타일값이 낮을수록 미드저니는 그림의 모양과 텍스처를 더 단순하고 미니멀하게 유지하려고 노력합니다. 반대로 스타일값이 높아질수록 전체가 더 복잡해집니다. 다만, 키워드를 복잡하게 입력하면 스타일 수치가 낮을 땐 다채로운 결과를 내어주지만, 높을수록 비슷한 이미지가 나오는 경향이 있습니다.

public mode와 private mode

다음은 public mode와 private mode의 차이점입니다. public mode는 자신이 만든 결과물이 공개된 채널에 나타납니다. 즉, 다른 사람이 만든 것도 public mode로 만들었다면 본인이 보고 있는 채널에서 볼 수 있습니다. 만약 자신이 만든 것을 자신만 사용하고 싶다면 private mode로 만들어야 합니다.

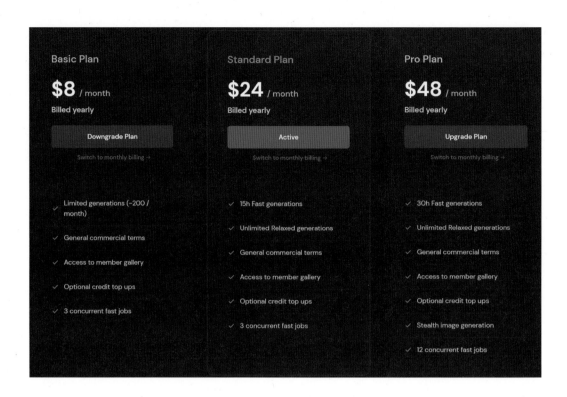

하지만 private mode를 사용하려면 Pro Plan을 결제해야 가능합니다. 무료로 사용 중이거나, Basic Plan 또는 Standard Plan을 사용 중이라면 public mode만 사용할 수 있습니다.

스케일 변환

미드저니는 각 작업에 대한 저해상도 이미지 옵션 그리드를 생성하는 것으로 시작합니다. 그리드 이미지에 미드저니 업스케일러를 사용하여 크기를 늘리고 디테일을 추가할 수 있습니다. 이미지 업스케일링에 사용할 수 있는 업스케일 모델은 여러 가지가 있습니다.

그림 2-20은 이미지 해상도의 정보입니다. 기준은 1:1 비율입니다.

Model Version	Starting Grid Size	V4 Default Upscaler	Detail Upscale	Light Upscale	Beta Upscale	Anime Upscale	Max Upscale**
Default Model Version 4	512 x 512	1024 x 1024 *	1024 x 1024	1024 x 1024	2048 x 2048	1024 x 1024	-
hd	512 x 512	-	1536 x 1536*	1536 x 1536	2048 x 2048	-	1024 x 1024
v1~v3	256 x 256	-	1024 x 1024*	1024 x 1024	1024 x 1024	1024 x 1024	1664 x 1664
niji	512 x 512	1024 x 1024	1024 x 1024	1024 x 1024	2048 x 2048	1024 x 1024	-
test / testp	512 x 512	-	-	-	2048 x 2048	1024 x 1024*	-

그림 2-20 모델 버전에 따른 이미지 해상도

그림 2-21 미드저니 버전 3에서 확대했을 때 나오는 옵션

그림 2-22 미드저니 버전 4에서 확대했을 때 나오는 옵션

이미지를 생성할 때의 옵션에 따라 크기를 변경할 수 있습니다. 크기 변경 방법은 다음과 같습니다.

■ Regular(Default) Upscaler

최신 기본 업스케일러는 이미지 크기를 늘리면서 디테일을 부드럽게 또는 세밀하게 조정합니다. 초기 작은 4개의 이미지 중 하나를 선택하여 완성된 업스케일 이미지 사이에는 일부 작은 요소가 변경될 수 있습니다.

■ Light Upscaler

라이트 업스케일러는 1024×1024px 이미지를 생성하고, 적당한 양의 디테일과 텍스처를 추가합니다. 라이트 업스케일러는 구형 미드저니 모델 버전을 사용할 때 얼굴과 매끄러운 표면에 유용합니다.

■ Detailed Upscaler

디테일 업스케일러는 1024×1024px 이미지를 생성하고 이미지에 여러 가지 미세한 디테일을 추가합니다. 디테일 업스케일러로 업스케일링한 이미지는 [Upscale to Max] 버튼을 사용하여 다시 업스케일링하여 최종 해상도를 1664×1664px로 높일 수 있습니다. 최대로 업스케일링 하는 것은 아래에서 설명하는 Fast mode에서만 사용할 수 있습니다.

■ Beta Upscaler

베타 업스케일러는 많은 디테일을 추가하지 않고도 2048×2048px 이미지를 생성합니다. 베타 업스케일러는 얼굴과 매끄러운 표면을 키우는 데 유용합니다.

■ Anime Upscaler

애니메이션 업스케일러는 --niji 모델의 기본 업스케일러입니다. 이미지를 1024×1024px로 업스케일링하며, 일러스트레이션 및 애니메이션 스타일에 적합하게 최적화되어 있습니다.

■ Remaster

리마스터는 V1에서 V4 모델 버전으로 이전에 업스케일링한 이미지를 위한 추가 옵션입니다. 리마스터는 원본 이미지의 구도와 최신 --test 모델의 일관성을 혼합하는 --test 및 --creative 매개 변수를 사용하여 이미지를 다시 업스케일링합니다. 원본 업스케일 아래에 있는 리마스터 버튼을 클릭하여 이전에 업스케일링한 작업을 리마스터할 수 있습니다. 아주 오래된 작업을 리마스터하려면 /show 명령을 사용하여 디스코드에서 해당 작업을 새로고침 할 수 있습니다. /setting 옵션에서 선택한 방식으로 [U1]~[U4] 버튼을 누를 때 확대합니다.

작업 속도에 따른 GPU 사용 옵션

■ Fast mode

보통은 Fast mode로 생성합니다. 다만, 결제 후 사용시간을 초과했다면 Fast mode를 사용할 수 없습니다. Relax mode는 이름 그대로 이미지 생성 속도가 느려집니다.

구독 요금제마다 월간 GPU 이용 시간이 다릅니다. 이 월간 정액제의 GPU 시간은 Fast mode로 사용하는 시간입니다. Fast mode는 GPU를 즉시 제공합니다. 가장 우선 순위가 높은 처리 계층이며 구독에 따른 월간 GPU 시간을 사용합니다.

■ Turbo mode

그리고 새로이 Turbo mode가 추가되었습니다. 터보 모드는 매우 빠른 이미지 생성을 원하는 구독자가 사용할 수 있습니다.

터보 모드는 최대 4배 더 빠르게 이미지를 생성하지만, Fast mode보다 두 배 더 많은 GPU 시간을 소비합니다.

또한, 미드저니와 니지저니 버전 5 이상만 사용할 수 있습니다.

미드저니가 이미지 하나를 생성하는 데 평균적으로 약 1분의 GPU 시간을 사용합니다. 이미지를 업스케일링하거나 비표준 종횡비를 사용하는 경우 시간이 더 걸릴 수 있습니다. 변형을 만들거나 낮은 품질값을 사용하면 시간이 더 짧아지기도 합니다.

	+ Lower Cost	++ Average Cost	+++ Higher Cost
Job Type	Variations	/imagine	Upscale
Aspect Ratio		default (square)	tall or wide
Model Version		default (--v 4)	--test or --testp
Quality Parameter	--q 0.25 or --q 0.5	default (--q 1)	--q 2
Stop Parameter	--stop 10 – --stop 99	default (--stop 100)	

그림 2-23 **비용에 따른 설정값**

그림 2-23의 옵션처럼 퀄리티를 낮출수록 서버 사용 시간이 줄어들고 빠르게 결과를 받아볼 수 있습니다. 퀄리티를 올리거나 --test 모드로 만들면 더 많은 시간을 사용합니다.

위에서 --stop 10 또는 --stop 99 같은 옵션이 있는데, 미드저니는 이미지를 생성할 때 이미지 생성 과정을 디스코드에 보여줍니다. 만약 완성된 이미지가 아닌 만드는 과정의 이미지가 필요하다면 stop 옵션을 사용할 수 있습니다. 이 부분 또한 뒤에서 자세히 다루겠습니다.

■ Relax mode

Standard Plan 및 Pro Plan 요금제 구독자는 Relax mode에서 매월 무제한으로 이미지를 만들 수 있습니다. Relax mode에서는 GPU 시간이 소모되지 않지만, 시스템 사용량에 따라 작업이 대기열에 배치됩니다.

Relax mode 모드의 작업은 대기열에 배치되어 GPU를 사용할 수 있게 되면 처리됩니다. 대기 시간은 유동적이지만 일반적으로 작업당 0~10분 사이입니다. Relax mode를 가끔씩 사용하는 경우 Relax mode를 많이 사용하는 구독자에 비해 대기 시간이 짧아집니다. 현재 이 우선순위는 월간 구독을 갱신할 때마다 재설정됩니다.

Remix mode

Remix mode를 사용하여 프롬프트, 매개 변수, 모델 버전 또는 변형 간에 종횡비를 변경할 수 있습니다. 리믹스는 시작 이미지의 일반적인 구도를 가져와 새 작업의 일부로 사용합니다. 리믹스는 이미지의 설정이나 조명을 변경하거나 피사체를 변화시키거나 까다로운 구도를 만드는 데 도움이 될 수 있습니다.

미드저니를 이용하면 이미지를 첨부하여 변환할 수 있는데 이때 사용하는 것이 Remix mode입니다.

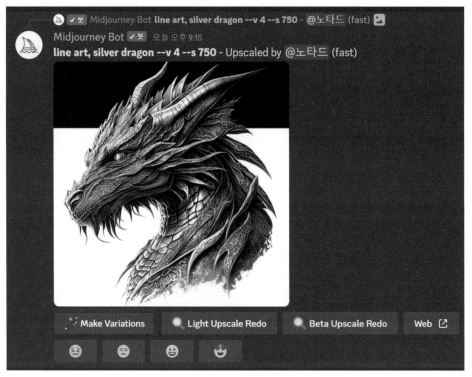

그림 2-24 **이미지 생성 화면**

그림 2-24와 같은 이미지를 생성했을 때 Remix mode 상태에서 [Make Variations]를 누르면 그림 2-25와 같은 창이 나옵니다.

그림 2-25 [Make Variations] 옵션 선택 시 뜨는 팝업창

그림 2-25에서 원래 프롬프트에 cute를 추가했습니다.

그림 2-26 새롭게 생성된 이미지

그리고 작업 결과물이 그림 2-26처럼 나오게 됩니다. 한마디로 Remix mode는 과거에 만들었거나 다른 버전으로 만든 결과물을 새롭게 재구성할 수 있는 메뉴입니다. /settings에서 버튼을 선택하는 방법도 있지만 /prefer remix 명령어로 실행할 수 있습니다.

이미지 선택 후 편집

이미지를 생성한 후 4개의 이미지 중 하나를 선택하면 메뉴 버튼이 이미지 아래 나타납니다. 이번 절에서는 각 버튼의 의미와 활용에 관하여 설명하겠습니다.

[Vary] 메뉴 세 개와 [Zoom Out] 메뉴 세 개, 그리고 [Make Square] 버튼이 있습니다. 그 아래에 화살표가 네 개, 다시 그 아래 하트 버튼([♥])과 [Web] 버튼이 있습니다. 다음 그림을 예로 들어, 이 버튼들을 위에서부터 하나씩 설명하겠습니다.

elf, blue eyes, red long hair, cute girl, artwork by CLAMP --ar
2:3 --style cute

■ Vary(Strong)

생성한 이미지가 완벽하게 마음에 들지 않을 경우, 또는 만들어진 이미지를 기반으로 여러 콘셉트의 이미지를 만드는 경우에 유용합니다. 이 버튼은 구성과 색상, 세부적인 배치를 변경합니다.

elf, blue eyes, red long hair, cute girl,
artwork by CLAMP --ar 2:3 --style cute -
Variations (Strong)

▪ Vary(Subtle)

선택한 이미지의 주요 구성은 유지하면서 세부 사항에 미묘한 변화를 주는 변형입니다. 앞서 만든 이미지를 이용하여 [Vary(Subtle)] 기능을 이용해 만든 예입니다.

elf, blue eyes, red long hair, cute girl, artwork by CLAMP --ar 2:3 --style cute - Variations (Subtle)

▪ Vary(Region)

영역을 지정 후 해당 영역만 변경할 수 있는 기능입니다. 앞서 만든 소녀를 예로 들면 얼굴 부분을 영역을 지정하여 텍스트를 통해 슬픈 표정을 만들거나, 몸을 지정하여 다른 옷을 만드는 등의 작업을 할 수 있습니다.

이 버튼은 그림체를 유지하며 다양한 이미지를 만드는 데 유용한 기능입니다. 변경하려는 영역이 넓을수록 미드저니가 새로운 세부 정보를 생성할 공간이 많아집니다. 반대로 영역이 좁을수록 미묘한 변화가 일어납니다.

다음은 표정을 바꾸는 부분과 옷을 변형하는 예입니다.

crying, sad, elf, blue eyes, red long hair, cute girl, artwork by CLAMP --style cute --ar 2:3

표정을 변경하기 위해 눈과 입 부분을 영역으로 지정했습니다. 하단의 사각형과 올가미 모양 중 하나를 선택하여 마우스 드래그를 하면 해당 영역을 지정할 수 있습니다. 영역을 너무 크게 잡으면 얼굴의 외곽선도 새로 그리기 때문에 표정 외에 얼굴형이 달라져, 완전히 다른 캐릭터가 되는 경우도 있으니 주의하여 선택합니다.

해당 영역을 지정한 후, 소녀 이미지를 생성한 프롬프트의 맨 앞에 crying과 sad 키워드를 추가했습니다.

눈과 입 영역만 선택했기에 얼굴의 외곽선은 바뀌지 않은 상태로 동일한 이미지에서 표정만 바꿀 수 있습니다.

이 상태로 의상을 바꿔보겠습니다.

blue dress, red long hair, cute girl, artwork by CLAMP --style cute --ar 2:3

이런 식으로 그림을 동일하게 유지하면서 일부를 바꾸는 기능은 게임의 리소스를 생성하거나 책의 삽화, 판매 포스트 등 다양한 상황에서 활용이 가능합니다.

■ Zoom Out 1.5x와 2x

줌 아웃 버튼은 선택한 이미지(피사체)를 축소하는 기능으로서, 한편으로는 배경을 확장합니다. 즉, 만들어진 이미지의 바깥 부분을 그려주는 역할을 하며 [Zoom Out 1.5]는 1.5배, [Zoom Out 2x]는 2배로 확장합니다.

앞에서 만든 이미지를 이용해 만들어보겠습니다.

elf, blue eyes, red long hair, cute girl, artwork by CLAMP --ar 2:3 --style cute --zoom 1.5

elf, blue eyes, red long hair, cute girl, artwork by CLAMP --ar 2:3 --style cute --zoom 2

▪ Custom Zoom

[Custom Zoom]은 1.5배와 2배가 아닌 사용자가 원하는 배율로 확대하기 위한 버튼입니다. 또한 이미지의 비율을 바꿀 수 있습니다. 배율은 1에서 2까지 지정할 수 있습니다.

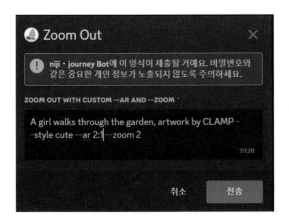

[Zoom Out] 버튼을 누르면 창이 뜨고, 그 창의 입력란에 원하는 이미지를 묘사하고 비율과 배율을 함께 넣습니다. 원본 이미지는 그대로 유지하며 확장하는 것이기에 소녀의 묘사는 지우고 확장된 배경의 묘사를 새로 적었습니다. 여기서는 '정원을 걷는 소녀'라는 묘사를 적었습니다. 거기에 더해서 비율을 2:1로 설정하여 좌우로 길게 만들었습니다. 그 결과 소녀의 모습을 유지한 채 2배 줌을 한 후 비율을 변경한 이미지를 얻었습니다.

A girl walks through the garden, artwork by CLAMP --style cute --ar 2:1

다른 예를 하나 더 살펴보겠습니다. 2배 줌 아웃을 하면서 프롬프트를 벽에 걸린 액자로 바꾸어 다음과 같은 이미지를 생성할 수 있습니다.

A framed picture on the wall --style cute --ar 2:3

■ Make Square

정사각형이 아닌 이미지의 종횡비를 조정하여 그 이미지를 정사각형으로 만들어주는 버튼입니다. 만약에 만들어진 이미지가 이미 정사각형이라면 해당 버튼은 나타나지 않습니다.

원래 가로 비율이 넓은 경우 세로로 확장되며, 세로가 넓은 경우 가로로 확장됩니다. 처음에 만들었던 세로가 긴 이미지를 이용하여 정사각형으로 만든 결과입니다.

■ 화살표

화살표 버튼을 이용하면 원본 이미지의 내용을 변경하지 않고 선택한 방향으로 이미지를 확장할 수 있습니다. 새로 확장된 이미지는 원본 프롬프트를 기반으로 채워집니다.

다음은 화살표를 사용한 결과입니다.

앞의 화살표로 만든 이미지에서 계속해서 확장할 수 있습니다.

앞서 왼쪽 화살표로 만든 이미지를 이용해 다시 오른쪽을 확장해보겠습니다.

이와 같이 확장하여 만든 이미지를 계속해서 좌, 우 방향으로 확장할 수 있습니다. 그렇지만 가로로 확장한 이미지, 세로로 확장한 이미지는 그 후 가로와 세로만 선택할 수 있습니다.

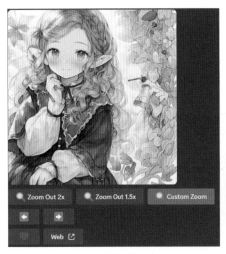

그림 2-27 가로로 확장했을 때 나타나는 옵션   그림 2-28 세로로 확장했을 때 나타나는 옵션

다만, 이렇게 확장한 이미지는 Vary 관련 옵션 버튼([Vary(Strong)], [Vary(Subtle)], [Vary(Region)])이 나오지 않습니다. Vary 관련 옵션 버튼을 사용하려면 [Custom Zoom] 버튼을 이용해 다시 활성화할 수 있습니다.

앞의 이미지를 이용해 실습해보겠습니다. 먼저 [Custom Zoom] 버튼을 눌러 이미지를 다음과 같이 다시 생성합니다.

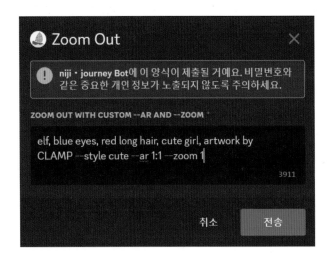

이미지를 확장하고 싶지 않으니 zoom 옵션을 1로 지정하여 원본 이미지 그대로 다시 만들었습니다.

```
elf, blue eyes, red long hair,
cute girl, artwork by CLAMP
--style cute --ar 1:1 --zoom 1
```

이렇게 만들면 기존의 이미지와 같은 비율이고, zoom 옵션이 1이므로 배율도 같은 이미지 4개가
모두 동일하게 만들어집니다. 그중 하나를 선택하면 다음과 같이 다양한 옵션을 사용할 수 있는
이미지로 만들어줍니다.

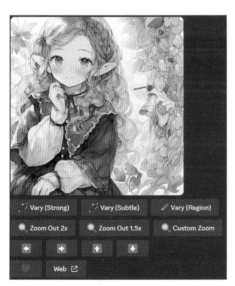

그림 2-29 [Custom Zoom] 버튼을 이용해 다양한 옵션을 활성화한 모습

■ Favorite 버튼

버튼 하단 왼쪽의 붉은 색 하트 버튼은 [Favorite] 버튼으로, 이미지에 태그를 지정하여 미드저니 웹사이트에서 쉽게 찾을 수 있습니다.

https://www.midjourney.com/app/에서 왼쪽 메뉴 중 [Home] 버튼을 누르면 자신이 생성했던 이미지를 모두 확인할 수 있습니다.

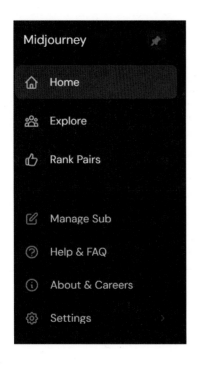

홈 화면에서 버튼 중 [Favorited] 탭으로 가면 [Favorite] 버튼을 눌렀던 이미지를 볼 수 있습니다.

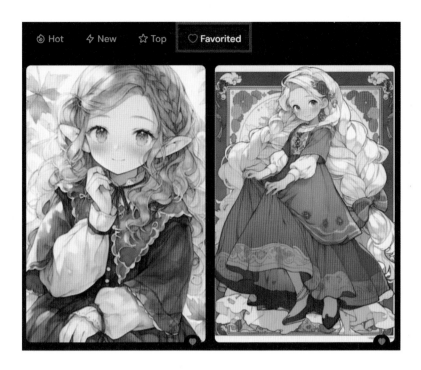

■ Web 버튼

그림 2-29 하단의 [Web] 버튼을 누르면 https://www.midjourney.com/app/jobs/**고유번호**/ 페이지로
이동하여 해당 이미지를 웹 사이트에서 볼 수 있게 해줍니다.

2.4 미드저니와 니지저니를 서버에 초대하기

그림 2-30 디스코드 서버 추가 아이콘

우선, 디스코드에서 [서버 추가하기] 버튼을 클릭한 뒤 서버를 하나 만듭니다.

그림 2-31 디스코드 서버 만들기(1)

그림 2-32 디스코드 서버 만들기(2)

그림 2-33 **디스코드 서버 만들기(3)**

이렇게 서버를 만들었으면 해당 서버에 미드저니와 니지저니 봇을 초대할 수 있습니다.

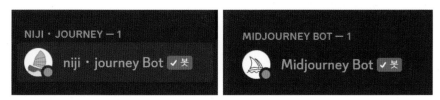

그림 2-34 **니지저니와 미드저니 봇**

서버의 오른쪽에 보면 미드저니와 니지저니 봇이 보입니다. 해당 봇을 클릭 후 [서버 추가하기] 버튼을 눌러줍니다. 초대를 완료했으면 서버에 다음과 같이 봇이 들어오게 됩니다.

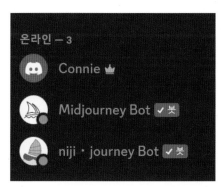

그림 2-35 **서버에 미드저니와 니지저니 봇이 추가된 모습**

여기까지 진행했다면 대화방에서 '/'를 입력하여 다음과 같이 니지저니, 미드저니를 이용하여 이미지를 생성할 수 있습니다. 비공개 서버는 아니기 때문에 누구나 입장할 가능성은 있지만, 해당 서버에서 만든 이미지 결과가 다른 사람의 결과와 함께 섞이는 일은 줄어듭니다.

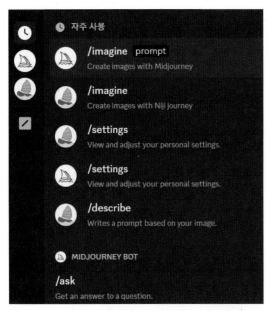

그림 2-36 서버에 미드저니와 니지저니 봇을 초대하여 이미지를 생성할 수 있다.

키워드의 마법

키워드의 마법

이번 장에서는 다양한 키워드를 소개합니다. 미드저니는 영어로만 사용할 수 있으며 니지저니는 영어 외에도 한국어, 일본어, 중국어를 사용할 수 있습니다.

니지저니에선 한국어를 사용해도 잘 만들어주지만, 미드저니는 한국어를 제대로 인식하지 못하며 실제로는 한국어를 인공지능이 번역하여 영어로 다시 프롬프트를 입력하는 방식이라 원하는 결과와 조금씩 다른 결과가 나올 수 있습니다. 가장 정확한 결과를 얻으려면 영어로 입력하는 편이 좋습니다. 여기서도 영어 키워드 위주로 기술하겠습니다.

여기서는 키워드로 만드는 다양한 이미지를 미리 확인할 수 있으며, 그 키워드를 조합하여 더 훌륭한 결과물을 얻을 수 있습니다. 어떤 이미지를 만들고 싶을 때, 어떤 키워드를 써야 할지 잘 모르겠다면 이번 장을 참고하여 시행착오를 줄이기 바랍니다.

여기에 나온 이미지는 모두 미드저니와 니지저니를 통하여 직접 출력한 이미지이며, 입력한 프롬프트를 그림 옆에 써놓았습니다. 하지만 생성형 인공지능 특성상 예시와 동일한 그림이 출력되지 않는다는 점을 기억해주세요.

그리고 이번 장에서 소개하지 못한 더 많은 키워드에 대한 그림은 부록을 참고하시기 바랍니다.

3.1 키워드 예시

먼저 구와 원 모양의 이미지를 만들어보겠습니다. 다음은 미드저니에 프롬프트로 Sphere와 Circle을 입력한 결과입니다.

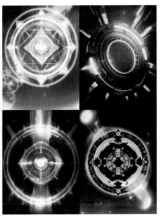

Sphere

Circle

프롬프트 입력값을 조금만 응용하면 다음과 같은 결과를 얻을 수 있습니다.

red flower inside a blue sphere

이처럼 하나의 단어를 프롬프트로 주어도 이미지가 생성됩니다. 하지만, 원하는 이미지를 얻기 위해서는 좀 더 자세한 설명을 담아 입력하는 것이 좋습니다. 그럼에도 어떤 단어를 입력했을 때 어떤 이미지가 나오는지 알고 있는 것이 원하는 이미지를 만드는 데 도움이 됩니다. 키워드에 대한 다양한 이미지는 이 책의 부록을 참고하세요.

3.2 아티스트의 활용

키워드를 조합한 프롬프트만으로는 원하는 이미지가 나오지 않을 가능성이 높습니다. 예를 들어 곰인형을 든 작은 소녀를 만들어보겠습니다.

A little girl with a teddy bear. --style raw

물론 간단한 키워드만 입력해도 위 이미지처럼 사진 같은 멋진 결과를 만들어주지만, 여러 번 반복하더라도 결국 비슷한 이미지만 나올 뿐입니다.

이와 같이 이미지를 만들 때 꼭 필요한 프롬프트만 사용하면 미드저니와 니지저니가 제공하는 놀랍도록 개성 넘치는 기능을 모두 사용할 수 없습니다. 바로 이때, 키워드의 마법이 힘을 발휘합니다. 여러 가지 프롬프트 작성 기법을 통해 더욱 다양한 그림을 얻을 수 있습니다. 한 가지 예로 화가의 화풍을 참고하여 그 화가가 그린 것과 비슷한 분위기의 이미지를 만드는 방법을 사용할 수도 있습니다.

이 절에서는 개성 넘치는 이미지를 위해 오래전에 많은 그림을 남겼던 작가, 현재에도 활약하는 작가의 이름을 붙여서 이미지를 만들어보겠습니다. 미드저니, 니지저니가 학습한 이미지의 양은 정말로 방대하여 이 책에서 모든 아티스트를 소개할 수는 없지만, 충분한 개성을 가진 아티스트를 선별하여 보여드리겠습니다.

아티스트를 활용하는 예제

해당 아티스트를 사용하기 위해서 당연하게도 아티스트의 이름을 알아야 합니다. 아티스트의 이름에 덧붙여 표현하고 싶은 프롬프트를 추가합니다.

다음은 아티스트를 활용한 예입니다.

artwork by Iris Scott, A little girl with a teddy bear. --style raw

이번 예시 이미지는 프롬프트 처음에 artwork by라는 프롬프트와 함께 이어서 Iris Scott이라는 아티스트의 이름을 붙였습니다. 그 후 앞의 예제에서 만들었던 A little girl with a teddy bear 프롬프트를 동일하게 입력했습니다.

차이점이 보이나요? 아티스트를 입력하지 않은 프롬프트도 멋진 결과를 만들어주지만, 아티스트 명이 들어간 프롬프트로 만든 그림은 좀 더 원하는 화풍의 그림을 얻을 수 있도록 도와줍니다.

다른 작가를 통해 예제를 더 만들어보겠습니다. 지금부터는 나머지 프롬프트는 동일한데 아티스트 이름만 다르게 입력했습니다.

artwork by Matt Adnate,
A little girl with a
teddy bear. --style raw

artwork by Alice
Pasquini, A little girl
with a teddy bear.
—style raw

artwork by Jonathan
Meese, A little girl with
a teddy bear. --style
raw

아티스트 이름을 이용해 같은 프롬프트지만 다양한 그림을 얻을 수 있습니다. 따라서 어떤 아티스트 이름이 어떤 화풍의 그림을 그려주는지 알고 있다면 원하는 그림을 얻는 데 큰 도움이 됩니다. 계속해서 아티스트 키워드를 포함한 이미지를 만들어보겠습니다. 여기에서 소개한 아티스트 외에 수많은 예제는 부록에 수록했습니다.

아티스트를 활용한 예제 그림

다음의 이미지는 아티스트 이름만 변경하고 다른 프로프트는 모두 동일하게 입력했습니다. 이미지 차이를 한번 느껴보세요.

artwork by Roz Chast, small town side by river --style raw

artwork by Ricardo Bofill, small town side by river --style raw

artwork by Albert Gleizes, tokyo tower --style raw

artwork by Sou Fujimoto, tokyo tower --style raw

artwork by Tiago Hoisel, singing beautiful
girl --style raw

artwork by Natalia Drepina, singing beautiful
girl --style raw

artwork by Picasso, fighting human vs dog
--ar 1:1 --niji 5

artwork by Claude Oscar Monet, fighting
human vs dog --ar 1:1 --niji 5

artwork by Declan Shalvey, A beach in a blue
sea. --style raw

artwork by Arthur Boyd, A beach in a blue
sea. --style raw

artwork by Alice Pasquini, A woman sits
alone in a restaurant on a city street in
the evening --v 6.0 --style raw

artwork by Aliza Razell, A woman sits alone
in a restaurant on a city street in the
evening --v 6.0 --style raw

artwork by Iris Scott, A deep valley where
thunder strikes, --v 6.0 --style raw

artwork by Hengki Koentjoro, A deep valley
where thunder strikes, --v 6.0 --style raw

artwork by Bill Jacklin, A man and a woman
dancing on a stage. --v 6.0 --style raw

artwork by Kerem Beyit, A man and a woman
dancing on a stage. --v 6.0 --style raw

고급 옵션 사용

고급 옵션 사용

미드저니와 니지저니는 효율성과 일관성, 그리고 품질의 개선을 위해 정기적으로 새로운 버전을 출시합니다. 버전을 프롬프트에 포함하지 않으면 가장 최신 버전을 기본으로 사용하지만, --version 또는 --v 매개변수를 추가하거나 /settings 명령을 사용하여 모델 버전을 선택할 수 있습니다. 각 버전은 다양한 유형의 이미지를 생성하는 데 사용할 수 있습니다.

2.3절에서 설명했던 옵션에 더하여 더 많은 옵션에 관하여 살펴보겠습니다.

다양한 옵션을 이용한다면 원하는 이미지를 출력할 가능성이 조금 더 높아집니다. 최신 버전을 사용하는 게 가장 품질이 높은 이미지를 출력할 수 있겠지만, 때에 따라서는 사용자가 원하는 결과물이 이전 버전에 있을 수 있습니다.

또한 다양한 매개변수를 이용하여 더 많은 자유도를 줄 수 있으며, 네거티브 프롬프트를 이용해 필요하지 않는 이미지를 제외하거나, 특정 이미지를 강조할 수 있습니다. 거기에 더하여 seed값에 관한 설명과 이미지의 비율을 지정하는 방법을 설명합니다.

4.1 매개변수

매개변수는 프롬프트에 추가하여 이미지 크기부터 이미지 생성에 사용되는 알고리즘 버전까지 다양한 사항을 변경할 수 있는 작은 코드입니다. 모든 매개변수는 프롬프트 끝에 넣는 것이 가장 좋습니다. 프롬프트 도구를 사용하는 경우 확인란을 선택하고 숫자를 입력하기만 하면 되므로 모든 파라미터를 다 외울 필요가 없습니다.

그렇지만 일일이 /settings을 입력해서 프롬프트 도구를 이용해 변경한 후 이미지를 생성하는 방식에 비해 프롬프트에 매개변수를 직접 작성하는 편이 간편하기 때문에 자주 사용하는 매개변수를 익혀두면 쉽게 사용할 수 있습니다.

미드저니 버전

- --version 1: 매크로 및 텍스처에 적합한 알고리즘을 사용합니다. ('--v 1'도 사용 가능)
- --version 2: 버전 2의 오래된 알고리즘을 사용하며 더 추상적입니다. ('--v 2'도 사용 가능)
- --version 3: 예술적이고 창의적입니다. ('--v 3'도 사용 가능)
- --version 4: 강력하고 스마트하고 복잡한 결과를 출력하여 놀라운 작품을 만들어냅니다.
  ('--v 4'도 사용 가능)

- --version 5: 새로운 모델. 스마트하고 세련되고 더 큰 이미지와 훌륭한 디테일로 결과물을 만들어냅니다. ('--v 5'도 사용 가능)

- --version 5.1: version 4와 비슷하지만, 더욱 우수한 품질을 만들어냅니다. ('--v 5.1'도 사용 가능)

- --version 5.2: version 5.1에서 더 발전하여 더 나은 색상, 대비 및 구성으로 상세하고 선명한 결과를 생성합니다. 또, 프롬프트를 조금 더 잘 이해합니다. ('--v 5.2'도 사용 가능)

또한 5.1을 선택하면 아래 RAW Mode를 선택할 수 있습니다. RAW Mode는 더 강한 개성을 나타 내기에 적합한 옵션입니다.

Horse --v 1

Horse --v 2

Horse --v 3

Horse --v 4

Horse --v 5

Horse --v 5.1

Horse --v 5.1 --style raw

Horse --v 5.2

Horse --v 5.2 --style raw

니지저니 알고리즘

니지저니는 애니메이션과 일러스트레이션 스타일로 학습한 모델입니다. 미드저니에 애드온 알고리즘으로 사용할 수 있어서 미드저니에서는 프롬프트 끝에 -niji를 추가하기만 하면 정말 멋진 만화 같은 느낌을 얻을 수 있습니다. 또한, 최근 -niji 5 버전이 등장하여 더욱 디테일하고 아름다운 애니메이션 스타일로 만들 수 있게 되었습니다.

Horse -niji

Horse --niji 5

horse --niji 5 --style expressive

horse --niji 5 --style cute

horse --niji 5 --style scenic

horse --style original

4.2 다양한 출력 매개변수

다양한 결과물을 얻기 위해 프롬프트 끝부분에 입력하는 몇 가지 매개변수가 있습니다. 앞에서 설명한 서비스 외에 GPU 시간을 사용하여 품질을 높이거나, 예술적 스타일로 만들거나, 때로는 일부러 이상한 결과물을 만들고, 앞에서 살펴본 것처럼 시작 seed값을 지정하거나, 프레임 크기를 변경할 수도 있습니다. 지금부터 다양한 매개변수 목록과 해당 매개변수가 수행할 수 있는 작업에 대해 살펴보도록 하겠습니다.

품질

--quality는 숫자가 높을수록 디테일에 더 많은 시간을 소비합니다(0.25 더 빠름, 1 기본, 5 매우 높음). V4 및 V5의 경우 화질은 0.25에서 2까지만 변경되므로 저화질 이미지가 필요한 경우가 아니라면 이 매개변수를 건너뛰면 됩니다.

버전	퀄리티 적용값
Version 1	0.25 빠름, 0.5 절반, 1 기본, 5 높음
Version 2	0.25 빠름, 0.5 절반, 1 기본, 5 높음
Version 3	0.25 빠름, 0.5 절반, 1 기본, 5 높음
Version 4	0.25 빠름, 0.5 절반, 1 기본, 2 높음
Version 5	0.25 빠름, 0.5 절반, 1 기본, 2 높음
Version 5.1, 5.2	0.25 빠름, 0.5 절반, 1 기본, 2 높음
NijiJourney 4	0.25 빠름, 0.5 절반, 1 기본, 5 높음
NijiJourney 5	0.25 빠름, 0.5 절반, 1 기본, 5 높음

혼돈

--chaos는 출력의 무작위성과 추상성 정도를 나타내는 매개변수입니다. 0~100 사이의 값을 가지며 100에 가까울수록 무작위성이 높아집니다.

해당 매개변수는 다양성에 영향을 줍니다. 카오스값이 높을수록 더 특이하고 예상치 못한 결과와 구성을 생성하며 카오스값이 낮을수록 더 안정적이고 반복 가능한 결과를 얻을 수 있습니다. 그렇기에 사용자 자신이 원하는 결과를 상상하기 어려울 때나 같은 프롬프트로 다양한 결과를 얻고 싶을 때 숫자를 높여서 사용할 수 있습니다.

a photograph of a Cockatiel at night with street lights --chaos 0 --niji 5

a photograph of a Cockatiel at night with street lights --chaos 50 --niji 5

a photograph of a Cockatiel at night with street lights --chaos 100 --niji 5

중단

--stop은 이미지 완성도를 백분율로 표현했을 때 원하는 값에서 이미지 생성을 중단시키는 데 사용됩니다(--stop 50의 파라미터라면 50%에서 중단). 이 기능은 아이디어를 빠르게 테스트하고 색상이나 구도를 확인하려는 경우에 유용합니다.

a photograph of a Cockatiel at night with street lights --stop 50 --niji 5

제외(네거티브 프롬프트)

네거티브 프롬프트는 미드저니와 니지저니가 이미지를 생성하는 과정에서 원하지 않는 결과물을 제외하는 역할을 합니다.

앞에서 설명했던 ai book을 이용해서 만들어보겠습니다.

ai book --niji 5 --style scenic

ai book --niji 5 --no text font letters --style scenic

같은 프롬프트를 사용했지만 네거티브 프롬프트가 들어 있지 않은 경우에는 글자가 들어있고, 네거티브 프롬프트를 사용한 이미지는 글자가 없는 것을 확인할 수 있습니다. 그렇지만 두 개 이상의 네거티브 프롬프트를 사용하면 가중치가 맞지 않아 출력할 수 없는 경우가 발생합니다.

Invalid prompt

The sum of all of the prompt weights must be positive

/imagine A cat runs across a large expanse of land. --no trees, --no flowers, --no human

그래서 --no 프롬프트보다 가중치를 이용하여 결과물을 만드는 방법이 더 확실하고 원하는 이미지를 얻을 확률이 높습니다.

다음으로 seed 프롬프트를 사용하는 방법과 가중치를 이용하는 방법을 설명하겠습니다.

seed

--seed 프롬프트는 0에서 4294967295(프롬프트에 --seed 1234처럼 사용할 수 있습니다)까지의 숫자를 사용합니다. 미드저니는 seed값을 사용하여 이미지를 생성합니다. seed값은 각 이미지에 대해 무작위로 생성되지만, --seed 또는 --sameseed 매개 변수를 사용하여 지정할 수 있습니다. 동일한 seed값과 프롬프트를 사용하면 유사한 최종 이미지가 생성됩니다. 미드저니와 니지저니의 흥미로운 부분은 같은 프롬프트를 통해 다양한 결과를 보여주는 것입니다. 그런데 사용자가 겪는 어려움 중 하나는 원하는 프롬프트를 통한 일관된 결과를 유지하는 일입니다. 기본적으로 미드저니와 니지저니는 이미지에 많은 무작위성을 추가하기 때문에 매우 구체적인 결과를 목표로 하면 어려울 수 있습니다.

--seed 프롬프트를 정의하지 않으면 미드저니는 이미지를 생성할 때마다 다른 seed값을 사용합니다. 이 때문에 생성할 때마다 완벽하게 원하는 이미지를 생성하기 어렵습니다. 그래서 프롬프트에 특정 시드를 입력하여 미드저니가 동일한 이미지를 사용하도록 요청할 수 있습니다.

--sameseed 키워드도 존재하지만 이전 버전에서만 사용할 수 있으며 버전 4 이상, 니지저니 모드에서는 사용할 수 없습니다.

다음은 --seed를 이용한 결과물입니다.

A giant balloon floats in a blue sky with fluffy clouds. --ar 3:2 --seed 320 --niji 5

위의 프롬프트와 동일한 프롬프트를 사용하면 완벽하게 같은 이미지를 얻을 수 있습니다. 다만 seed값을 입력하더라도 프롬프트가 조금이라도 다르면 그림이 달라질 수 있고, 또 미드저니와 니지저니가 업데이트되면 그림이 달라질 수도 있으니 이 점은 주의해야 합니다. 이와 같이 seed를 이용하면 원하는 이미지를 만들 수 있고, 다양한 방법으로 활용할 수 있습니다. 이에 대한 자세한 사용 방법과 활용법은 뒤에서 설명하도록 하겠습니다.

가중치

프롬프트에 ::(이중 콜론)을 추가하면 미드저니와 니지저니가 프롬프트의 각 부분을 개별적으로 고려함을 뜻합니다. 다음에 살펴볼 hot dog 프롬프트의 경우 모든 단어가 함께 고려되어 미드저니가 평범한 핫도그의 이미지를 생성합니다. 하지만 이중 콜론을 이용해 프롬프트가 두 부분으로 분리된 경우(hot:: dog) 두 개념이 모두 개별적으로 고려되어 뜨거운 강아지 그림이 생성됩니다.

```
hot dog --v 5
```

```
hot:: dog --v 5.1
```

프롬프트를 여러 부분으로 구분하기 위해 ::을 사용하는 경우 이중 콜론 바로 뒤에 숫자를 추가하여 해당 부분에 상대적인 중요도를 지정할 수 있습니다.

위의 예에서 hot:: dog 프롬프트를 이용하여 뜨거운 강아지를 생성했습니다. 프롬프트를 hot::2 dog로 변경하면 hot이라는 단어가 dog라는 단어보다 두 배 더 비중이 높은 의미로 전달되어 불이 더 강조된 강아지 이미지가 생성됩니다

```
hot::2 dog --v 5.1
```

가중치는 특정 개체와 기능을 강조하기 위해 미드저니 프롬프트에서 사용됩니다. 특정 단어에 가중치를 부여하면 미드저니는 해당 단어를 이미지로 표현하기 위해 더 많은 노력을 합니다. 반면에

음수 가중치는 일반 가중치와 정반대의 효과를 가져옵니다. 미드저니는 음수 가중치로 표시된 모든 개체와 기능을 제거하려는 시도를 합니다.

음수 가중치

--no 프롬프트와 비슷하게 원하지 않는 요소를 제거하기 위해 가중치에 마이너스 값을 줄 수도 있습니다.

A flower garden full of roses:: of different colors --v 5.1

A flower garden full of roses:: of different colors pink::-0.5 --v 5.1

위의 예제 그림은 핑크색 장미꽃을 없애기 위해 음수 가중치(-0.5)를 넣었습니다. 이처럼 원하지 않는 요소를 제거하는 곳에 음수 가중치를 추가한 프롬프트를 사용하면 됩니다. 다만, 음수 가중치를 사용할 때는 가중치의 합계가 마이너스가 되지 않도록 해야 합니다(예를 들어 hot::2인데 dog::-3을 입력하면 가중치의 합이 마이너스가 되어 생성할 수 없습니다). 그렇지 않으면 '모든 프롬프트 가중치의 합계는 양수여야 합니다'라는 오류 메시지가 표시됩니다. 이미지 생성 명령을 내렸을 때 이 오류가 발생하면 가중치를 확인하고 변경해야 합니다.

음수 가중치는 이미지의 주제에 방해가 될 수 있는 원치 않는 기능이나 개체를 제거하고, 이미지 생성의 일부 세부 사항이나 측면을 미세 조정하는 데 도움이 될 수 있습니다. 이를 사용하여 반복적인 요소를 제거하고 다양성을 줄 수 있습니다.

seed를 이용하여 원하는 결과를 얻을 확률 높이기

이미지를 생성했을 때 전체적으로는 마음에 들지만, 한 가지 마음에 들지 않는 부분이 있을 수 있습니다. 그래서 네거티브 프롬프트를 추가하여 그 부분을 빼려고 프롬프트를 다시 입력하면, 마음에 드는 부분까지 새롭게 생성되어 원하는 이미지를 얻지 못할 때가 있습니다. 이때 seed값과 함께 네거티브 프롬프트를 사용하면 원하지 않는 부분만 삭제한 이미지를 얻을 수 있습니다.

seed값을 이용하면 다음과 같은 효과를 얻을 수 있습니다. 이에 대한 자세한 내용은 다음 장에서 살펴보겠습니다.

A flower garden full of roses of
different colors --seed 1015768072
--v 5.1

A flower garden full of roses of
different colors --seed 1015768072
--no pink --v 5.1

프레임 비율

--aspect 또는 --ar는 출력물의 비율을 나타내는 데 사용합니다.

* --ar 16:9: HD, Full-HD 비율

* --ar 9:16: 휴대폰을 위한 비율

* --ar 10:16: 인기있는 초상화 비율

* --ar 4:3: 35mm 필름, 옛날 텔레비전 비율

* --ar 4:5: 인스타 초상화 비율

* --ar 2:1: 1990년대 화면 비율

- --ar 239:100: 와이드스크린, 가장 넓은 시네마틱, 풍경에 적합한 비율

- --ar 1:1: 정사각형, 인스타그램, 미드저니의 기본 설정

- --ar 90:195: 신규 아이폰에 가까운 비율

- --ar 5:8: 큰 비율

- --ar 8:5: 와이드 비율

- --ar 9:20: 더 큰 비율

- --ar 20:9: 더 큰 와이드 비율

그 외에도 다음과 같은 비율을 지정할 수 있습니다. 가로와 세로의 순서가 바뀌어도 반영합니다.

- --ar 3:1, --ar 4:1, --ar 5:1, --ar 6:1, --ar 8:1, --ar 10:1

A giant balloon floats in a blue sky with fluffy clouds. --ar 195:90 --niji 5

A giant balloon floats in a blue sky with fluffy clouds. --ar 10:1 --niji 5

A giant balloon floats in a blue
sky with fluffy clouds. --ar
100:239 --niji 5

AI 아트 테크닉

CHAPTER 05

AI 아트 테크닉

몇 개의 단어만으로 이미지를 만들다 보면, 결국엔 비슷한 이미지만 나오게 됩니다. 처음에는 높은 품질의 멋진 이미지에 놀라겠지만, 원하는 그림체와 스타일을 표현할 수 없다면 금방 흥미가 사라지게 될 것입니다.

지금부터 그런 단순함을 극복하기 위한 방법을 알아보겠습니다.

하나의 키워드가 아닌 여러 키워드를 조합하면 독특하고 인상적인 결과물을 만들어낼 수 있습니다. 그렇다고 단순히 수많은 단어를 나열하는 것만으로는 원치 않은 이미지만 만들어낼 뿐입니다. 미드저니와 니지저니의 놀라운 결과물을 만나기 위해선 단순한 단어의 조합 외에 특별한 키워드를 포함해야 합니다.

또한 하나의 이미지에서 시작하여 더 많은 상상력을 동원하여 원하는 결과물을 만들어 나가는 과정, 하나의 캐릭터 또는 사물을 만들고 그림체를 유지하는 방법, 이미지의 프롬프트를 돌려받는 방법을 설명합니다.

이번 장에서는 상상했던 이미지에 가깝게 미드저니와 니지저니가 이미지를 만들도록 하는 방법을 설명하겠습니다.

5.1 이미지를 원하는 대로 수정하는 방법

이번 절에서는 본인이 상상하는 이미지에 가장 가까운 이미지를 만들기 위한 팁을 소개합니다. 아이디어를 구체화하는 과정부터 원하는 캐릭터를 만드는 방법과 만들어진 이미지를 활용하는 방법을 설명합니다. 또한 배경과 캐릭터를 함께 만들 때 사용하는 팁을 설명합니다.

원하는 이미지를 만드는 과정

우선 기본적인 아이디어를 떠올린 후 AI에게 안내를 받는 방법을 선택해볼까요? 장면을 설정할 주요 아이디어를 입력한 다음 실행해보면 좋을 것 같습니다. 저는 판타지 분위기의 배경으로 실습해보겠습니다.

fantasy background --ar 16:9라는 키워드로 그림을 만들어보겠습니다.

```
fantasy background --ar 16:9
```

마음에 드는 이미지가 있나요? 이 중에 숲속의 환상적인 풍경이 마음에 들었다면, 이 이미지를 가지고 더 확장해볼까요? 저는 오른쪽 위의 이미지가 더 환상적이라고 생각해서 마음에 드니 이 이미지를 기준으로 해보겠습니다. 우선 seed값을 고정해서 이미지를 확장하더라도 기존 이미지에서 많은 변화가 일어나지 않게 해보겠습니다.

오른쪽 위의 이미지로 진행해보겠습니다.

그림 5-1 **이모지를 선택하는 확장 옵션**

만들어진 이미지 위에 마우스를 갖다 대면 오른쪽에 이모지를 고를 수 있는 버튼이 나옵니다. 그후 검색창에서 :envelope:를 적은 후 쪽지 모양의 아이콘을 선택하면 미드저니와 니지저니에서 개인 메시지를 보내줍니다. 개인 메시지는 즉시 오는 경우도 있지만, 가끔 시간이 오래 걸리기도 하니 느긋하게 기다립니다. 모바일에서는 해당 이미지를 길게 누르면 그림 5-2와 같은 화면이 나옵니다.

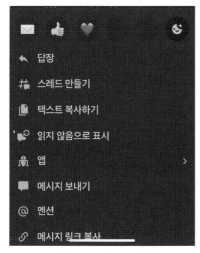

그림 5-2 **모바일 환경의 확장 옵션**

여기에 가장 첫 번째의 편지 봉투 이모지를 붙이면 동일한 동작을 합니다.

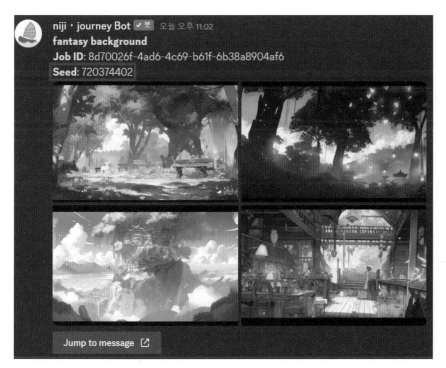

그림 5-3 **seed값이 메시지로 전송된 모습**

앞에서 설명한 방법으로 봉투 이모지를 선택하면 DM으로 seed값을 받을 수 있습니다. 그럼 이제 이 seed값을 이용해 현재 그림에서 아이디어를 더 확장해보겠습니다.

[U2] 버튼을 눌러 2번째 이미지를 키워서 아래와 같은 결과를 얻었습니다.

그림 5-4 원하는 이미지를 선택해서 확장한 모습

그림 5-5 이미지에서 마우스 우클릭으로 링크 복사하기 가능

이미지를 선택한 후 우클릭을 하면 그림 5-5와 같이 메뉴가 나오는데, 거기서 [링크 복사하기]를 눌러서 링크 주소를 얻습니다. 방금 얻은 링크와 seed값을 이용해 원하는 이미지를 만들어보겠습니다. 이렇게 하는 이유는 만들어진 배경 이미지를 이용하여 거기서부터 캐릭터나 사물, 그 외 원하는 요소를 덧붙일 수 있기 때문입니다.

물론 미드저니, 니지저니가 만들어준 이미지뿐만 아니라 인터넷에 있는 이미지 주소, 또는 자신이 가지고 있는 이미지를 웹에 업로드하여 링크 주소를 얻은 후 사용하는 방법도 있습니다.

그럼 현재 그려진 배경 그림에 캐릭터를 추가하도록 하겠습니다. 이런 아름다운 배경에서 춤추는 엘프를 만드는 건 어떨까요? 그것도 배경 속에 멀찍이 떨어진 엘프가 아닌, 바로 앞에서 춤추는 엘프 말이죠. 그저 배경만 있는 것에 비해 좀 더 풍부한 그림이 나오지 않을까요?

/imagine으로 프롬프트를 입력할 준비를 한 뒤, 프롬프트에 이미지 링크를 붙여 넣고, 뒤에 콤마를 붙이고 이전의 키워드에 더하고 싶은 키워드를 추가합니다.

여기선 이전의 프롬프트에서 Observe a single elf girl dancing up close를 덧붙였습니다. 그 후 --seed 뒤에 받았던 값을 넣어줍니다.

```
https://s.mj.run/ubXSxgQc4qw, fantasy background, Observe a single elf girl dancing up close.
--ar 16:9 --seed 720374402 --niji 5
```

그림 5-5를 기준으로 seed값을 고정하고 키워드를 덧붙여서 새로운 이미지를 만들었습니다.

그림 5-6 배경 이미지에 캐릭터를 추가한 이미지

이렇게 해서 그림 5-6과 같이 그림 5-5의 배경에 캐릭터를 올렸습니다. 그림 5-6의 배경 이미지가 그림 5-5와 완벽하게 동일하지는 않지만, 배경 이미지 분위기만큼은 크게 다르지 않은 결과가 나왔습니다.

그럼 여기서 아이디어를 덧붙여서 소녀의 생김새를 더 구체적으로 꾸며보도록 하겠습니다. 이미지의 seed값은 동일하니 저기서 마음에 드는 이미지를 확대 후 이미지의 링크만 다시 가져오면 됩니다.

여기서는 그림 5-6의 왼쪽 아래 이미지를 선택해서 만들어보겠습니다. 왼쪽 아래의 엘프 대신 긴 금발 머리카락과 푸른 눈을 한 엘프 소녀가 나를 위해 미소 짓는 프롬프트를 입력해보겠습니다.

주소를 가져오는 방법은 앞에서 한 것과 동일하니 키워드만 적어보겠습니다.

```
https://s.mj.run/pTldiUfaaIo, fantasy background, An elfin girl with long golden hair and
blue eyes smiles at me. --ar 16:9 --seed 720374402 --niji 5
```

어떤가요? 배경과 캐릭터는 큰 변화 없이 요청한 부분만 수정된 이미지가 만들어졌습니다.

지금까지 살펴본 것처럼 미리 만들어진 이미지 주소와 seed값을 이용해 이미지를 조금씩 수정할 수 있습니다. 이런 방법으로 배경을 먼저 만들고 캐릭터를 추가한다면 한 번에 배경과 캐릭터를 만드는 것보다 좀 더 쉽게 원하는 방향으로 결과를 얻을 수 있습니다.

https://s.mj.run/pTldiUfaaIo, fantasy background, An elfin girl with long golden hair and blue eyes smiles at me. --ar 16:9 --seed 720374402 --niji 5

다음으로 캐릭터를 만든 후 그림체를 통일하는 방법을 알려드리겠습니다.

캐릭터의 그림체를 비슷하게 만드는 방법

우선 캐릭터만 만들기 위해 배경은 단순하게 만들겠습니다. Transparent background 프롬프트를 넣으면 배경의 이미지가 사라지고 하얀색 배경으로 그려줍니다. 이렇게 배경을 단순하게 만들어 캐릭터 외의 부분을 투명하게 만들면 배경 이미지에 합성하기 수월합니다. 캐릭터를 만드는 방법을 설명 후, 배경 이미지를 투명하게 만드는 방법도 이어서 알아보겠습니다.

이번 목표는 캐릭터를 만든 후 비슷한 그림을 유지하며 조금씩 다른 이미지를 만드는 것입니다. 기본이 되는 캐릭터를 만든 후 그 캐릭터의 표정과 동작을 다양하게 만들어보겠습니다.

먼저 은빛 머리카락과 붉은 눈을 한 푸른색 베이스의 귀족 드레스를 입은 귀여운 소녀를 그려달라고 요청했습니다. 뒤에 --s 50이 들어갔는데, 여기서 s는 style을 의미합니다. 뒤의 숫자가 작을수록 프롬프트에 충실한 결과를 만들고, 숫자가 커질수록 프롬프트를 무시하고 창의적인 결과를 내어줍니다. 그렇기에 최대한 프롬프트에서 벗어나지 않고 주어진 단어에 충실하게 나올 수 있게 작은 값을 주었습니다.

```
cute girl, long silver hair, red eyes,
transparent background, Fantasy Aristocrat
Outfit with blue Base --ar 9:16 --s 50
--style cute
```

몇 번 돌린 후 마음에 드는 이미지 세트가 나왔다면 저기서 seed값을 알아내면 됩니다. 참고로 seed값은 위 그림과 같이 4개 세트로 나온 이미지에서만 얻을 수 있습니다. 하나를 선택하여 확대한 이미지는 편지 봉투를 달아도 seed값을 돌려주지 않습니다.

해당 이미지의 주소와 seed값을 넣고 조금씩 변경해보겠습니다. 저기서 얻어낸 seed값은 2755378172입니다. 그리고 4개의 이미지 중 마음에 드는 캐릭터를 확대 후 [링크 복사하기]를 통해 이미지 주소를 알아냅니다. 여기에선 오른쪽 위의 이미지를 이용해 만들어보겠습니다.

저기서 받아온 이미지 주소를 이용하며 프롬프트를 변경하여 조금씩 변화를 주겠습니다.

cute girl, long silver hair, red eyes, transparent background, Fantasy Aristocrat Outfit with blue Base --ar 9:16 --s 50 --style cute

캐릭터의 그림체를 유지하면서 표정을 바꿔보겠습니다. 이와 같은 방법은 캐릭터의 일관성을 지키면서 약간의 변화만 일어나게 해서, 생성한 이미지를 게임이나 책의 삽화 등 다른 콘텐츠에도 활용할 수 있도록 합니다.

■ 미소 짓는 표정

https://s.mj.run/P7wNsn3wfO0, smile, cute girl, long
silver hair, Fantasy Aristocrat Outfit with blue Base
--seed 2755378172 --ar 9:16 --s 50 --style cute

선택한 이미지 주소와 seed값을 넣은 후 프롬프트에 smile을 추가로 넣었습니다. 또한, 머리카락과 눈동자 색은 고정하지 않으면 다르게 나올 확률이 높기 때문에 동일하게 적었습니다. 이렇게 기준 이미지와 seed값을 통해 표정을 지정하면 해당 그림체의 새로운 이미지가 탄생합니다.

그럼, 같은 방법으로 다양한 표정을 만들어보겠습니다.

■ 슬픈 표정

Sad face를 추가하여 슬퍼하는 표정으로 만들었습니다.

https://s.mj.run/P7wNsn3wfO0, Sad face, cute girl, long silver
hair, Fantasy Aristocrat Outfit with blue Base --seed 2755378172
--ar 9:16 --s 50 --style cute

■ 놀란 표정

놀란 표정을 위해 Surprised라는 프롬프트를 슬픈 표정 대신 바꾸어 넣었습니다. 당연하게도 표정 관련 단어가 여러 개 섞인다면 원하는 결과를 얻기 어려우니 교체 형식으로 하면 됩니다.

https://s.mj.run/P7wNsn3wfO0, Surprised, Raised hand, long
silver hair, Fantasy Aristocrat Outfit with blue Base
--seed 2755378172 --ar 9:16 --style cute

■ 경멸하는 표정

https://s.mj.run/P7wNsn3wf00, Despise face, Raised hand, long
silver hair, Fantasy Aristocrat Outfit with blue Base --seed
2755378172 --ar 9:16 --style cute --style cute

이번에는 동작을 추가해보겠습니다. 팔을 들고 점프하는 동작을 그리기 위해 jumping, Raised
hand 프롬프트를 적었습니다. 마찬가지로 캐릭터 일관성을 위해 외모 관련 묘사는 동일하게 유지
했습니다.

■ 점프

https://s.mj.run/P7wNsn3wf00, jumping, Raised hand,
long silver hair, Fantasy Aristocrat Outfit with blue
Base --seed 2755378172 --ar 9:16 --style cute

여기서 나온 결과는 손가락이 어색하니 결과 이미지를 조금 수정해보겠습니다.

인공지능의 가장 큰 약점은 손가락입니다. 인공지능이 학습하는 대부분의 데이터는 얼굴이 중심이며 다른 신체 부분은 얼굴에 비해 데이터가 부족합니다. 거기에 더하여 손은 매우 복잡한 구조입니다. 또, 손은 얼굴에 비하여 일관성이 부족한 부분입니다. 다양한 각도에서 그려지며, 굴곡이 많아 빛을 여러 형태로 반사하므로 다양한 색상과 질감을 나타냅니다. 게다가 V자를 그리거나 펼치기도 하며, 무언가를 들고 있기도 하고, 때때로 타인과 손을 잡고 있기에 인공지능이 손의 모양을 학습하는 데 까다로운 부분이 많습니다. 마지막으로 가장 큰 이유로, 손은 복잡하고 다양한 모습을 보여주지만, 손가락이 차지하는 해상도가 매우 부족합니다. 큰 이미지에서도 손가락이 차지하는 비율이 작기에 정밀하게 학습하기에는 까다롭습니다.

그렇지만 과거에 비해 많이 개선되었으며, 앞으로 미드저니와 니지저니의 버전이 올라갈수록 더욱 정확한 형태의 손가락을 그릴 수 있을 것입니다.

생성된 이미지 아래 [Make Variations] 버튼이 있습니다. 해당 버튼의 역할은 만들어진 이미지를 조금씩 변경하여 4개의 이미지로 다시 보여주는 버튼입니다. 그 버튼으로 생성된 이미지는 다음과 같습니다.

이렇게 다시 만든 후 손가락이 어색하지 않은 왼쪽 아래 이미지를 선택하면, 점프하는 동작의 이
미지를 얻을 수 있습니다.

캐릭터 배경을 투명하게 만들기

이렇게 만들어진 캐릭터 이미지의 배경을 투명으로 바꾼 뒤 준비된 배경 이미지 등에 합성하면 다양한 장면을 생성할 수 있습니다.

캐릭터를 만들 때 입력한 프롬프트 중 하나가 transparent background이기에 캐릭터 외에는 모두 하얀색으로 나왔습니다. 이렇게 하면 하얀 화면만 투명으로 바꾸기에 어렵지 않습니다. 포토샵 등 이미지 편집 프로그램을 사용하여 배경을 투명하게 만들 수 있지만, 해당 프로그램이 없거나 사용하지 못하더라도 다른 인공지능을 통해 만들 수도 있습니다.

저는 https://www.remove.bg/라는 사이트에서 배경을 투명하게 만들어보겠습니다. 이 사이트 외에도 배경을 투명하게 하는 기능을 다양한 곳에서 제공하고 있습니다. 쉽게 검색으로 찾을 수 있기에 따로 소개하지는 않겠습니다.

위의 사이트에 들어간 뒤 배경을 투명하게 만들 이미지를 사이트에 업로드하면 끝입니다. 그럼, 앞에서 만든 캐릭터 이미지를 이용해 배경을 투명하게 만드는 작업을 실시해보겠습니다.

먼저, 그림 5-7과 같이 니지저니를 통해 만든 이미지를 우클릭 한 후 [이미지 저장]을 선택하면 해당 파일을 다운로드할 수 있습니다. 다운로드한 파일을 사이트에 업로드하면 배경이 투명한 이미지로 변환합니다.

그림 5-7 생성한 이미지를 파일로 저장하는 방법

이 사이트에서 무료 계정은 이미지 해상도가 제한되지만, 유료 계정을 사용하면 원본 크기의 해상
도로 이용할 수 있습니다.

이처럼 배경을 투명하게 만들면, 다른 배경 이미지 등에 합성하여 다양한 콘텐츠를 만들 수 있음은 물론, 필요에 따라 이미지를 활용하기 쉬워집니다.

캐릭터와 다른 이미지의 합성

먼저 앞에서 만든 캐릭터를 넣기 위한 배경 이미지를 만들어보겠습니다. 캐릭터에 어울리는 신비로운 느낌의 배경으로 만들었습니다.

A dreamy fantasy landscape with no one around, midnight, hills, flowers, stars, moon, mountain, river --ar 16:9 --niji 5 --style expressive

아무도 없는 판타지 느낌의 풍경으로 한밤의 언덕과 꽃, 별, 달, 산과 강이 있는 이미지입니다. 이런 장소라면 무슨 일이 벌어져도 이상하지 않을 것 같습니다. 원하는 배경 이미지를 완성했다면 [이미지 저장]을 이용해 파일을 다운로드받습니다.

그럼, 지금부터 배경 이미지와 캐릭터 이미지를 합성해보겠습니다.

이미지 합성 역시 다양한 방법으로 가능하지만, 여기서는 https://pixlr.com/kr/ 사이트에서 합성해보도록 하겠습니다.

그림 5-8 **PIXLR 사이트 시작 화면**

사이트에 접속한 후 [Open AI Photo Editor]를 선택합니다.

그림 5-9 **PIXLR 이미지 편집기 실행 화면**

그림 5-9의 사진 편집기에서 [이미지 열기]를 클릭하여 배경화면으로 사용할 이미지를 먼저 업로드
합니다.

그림 5-10 **이미지 편집기에 배경 이미지를 업로드한 모습**

그림 5-10과 같이 배경 이미지가 업로드되었다면, 오른쪽 상단의 레이어들 목록 아래에 [+] 버튼을 눌러 레이어 추가를 선택하고, 유형은 [이미지]를 선택합니다.

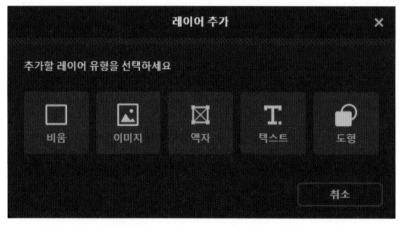

그림 5-11 **레이어 추가 선택 상자**

캐릭터 이미지를 불러와서 그림 5-12와 같이 크기와 위치를 자유롭게 조정합니다.

그림 5-12 **이미지 레이어를 추가한 다음, 이미지의 크기와 위치를 조정**

원하는 위치에 두었다면 화면 오른쪽 하단의 [저장] 버튼을 누르면 그림 5-13과 같은 화면이 나타
납니다.

그림 5-13 **이미지 저장 옵션 상자**

원하는 이미지 파일 형식 등을 지정한 후에 [다른 이름으로 저장]을 눌러 그림 5-14와 같은 최종 파
일을 받을 수 있습니다.

그림 5-14 배경 이미지에 캐릭터 이미지를 합성한 이미지

이렇게 미드저니와 니지저니를 통해 만든 여러 개의 이미지를 합성하거나 재가공하여 원하는 결과물을 만들 수 있습니다.

이어서 다음 절부터는 프롬프트를 조정하여 원하는 결과물에 더욱 가까워지는 테크닉을 배워보겠습니다.

5.2 배경이 포함된 캐릭터를 만들기 위한 프롬프트

미드저니와 니지저니를 통해 배경이 포함된 캐릭터를 만드는 방법을 알아보겠습니다.

배경과 캐릭터를 함께 만드는 경우에는 배경에도 많은 프롬프트를 할당하기에 때때로 캐릭터의 이미지가 형편없이 나오기도 합니다. 그럴 때도 캐릭터가 제대로 나오게 하는 팁을 설명하겠습니다.

미드저니와 니지저니의 버전이 올라가면서 개선이 되고 있긴 하지만, 여전히 캐릭터의 모습이 아름답지 않은 경우가 생기며, 그런 일을 방지하려면 조금 더 많은 기술이 필요합니다.

우선 이미지의 퀄리티를 높일 방법을 알아보겠습니다.

미드저니와 니지저니에선 배경 묘사가 많아지면 캐릭터의 얼굴이 망가지는 경우가 꽤 많습니다. 거기에 그림에서 캐릭터의 비중이 작아지면 그런 문제가 더 커집니다. 다음과 같은 예를 살펴보겠습니다.

A gas-lit street in the middle of the night with a bunch of bugs flying around.
pretty girl --ar 4:3 --style expressive --niji 5

A gas-lit street in the middle of the night with a bunch of bugs flying around. pretty girl
--ar 4:3 --v 5.1

위의 그림에서 캐릭터의 묘사는 적게 하고(pretty girl) 배경에 많은 문장을 할애했습니다. 그러면 배경은 멋지게 나오지만, 캐릭터는 완성도가 높은 그림이라고 하기에 무언가 부족한 느낌입니다.

위와 같은 분위기의 그림에서 캐릭터의 표현을 좀 더 잘 할 수 있도록 프롬프트를 입력해보겠습니다. 현재 그림과 어떤 차이가 보이는지 그림을 먼저 주의 깊게 보세요.

Cute woman with glasses sitting in a chair, A gas-lit street in the middle of the night with a bunch of bugs flying around. --ar 4:3 --style expressive --niji 5

Cute woman with glasses sitting in a chair, A gas-lit street in the middle of the night with a bunch of bugs flying around. --ar 4:3 --v 5.1

세 개의 그림에서 어떤 차이가 느껴지나요? 미드저니와 니지저니는 프롬프트를 적는 순서가 중요합니다. 프롬프트에서 앞에 위치한 단어나 문장의 우선순위가 높고 뒤에 위치한 단어에 비해 조금더 그림에서 차지하는 비중이 높아집니다.

또, 중요한 점은 캐릭터가 배경과 상호작용을 해야 합니다. 처음 만든 이미지의 프롬프트를 살펴보면 배경을 설명하는 데 많이 할애하고 캐릭터를 설명하는 것은 pretty girl이라는 단어뿐입니다. 캐릭터와 배경의 상호작용이 없이 별도로 작성되었기 때문에 캐릭터를 제대로 그려주지 않습니다.

반면, 뒤에서 만든 이미지의 프롬프트에는 캐릭터가 의자에 앉아 있다는 프롬프트가 있습니다. 캐릭터를 묘사한 뒤 배경의 주체성을 주면 캐릭터 이미지를 조금 더 잘 그려줍니다(sitting in a chair). sit이나 on, at, in, lying, flying 등을 이용하면 배경이 주인이 아니라 배경을 이용하는 캐릭터가 이미지의 주인공이 되어서 조금 더 완성도가 높은 캐릭터를 얻을 수 있습니다.

또한, 많은 경우에 머리부터 발끝까지 프롬프트에 모두 적으면 캐릭터의 전신이 나타납니다. 반대로 머리카락과 눈동자 정도만 묘사하면 상체만 그려줍니다.

전신 묘사의 예는 다음과 같습니다. 갈색 머리카락, 붉은 눈동자, 다문 입, 갈색의 누더기 로브, 찢어진 스커트, 붉은 신발로 프롬프트를 적었습니다.

Brown short hair, red eyes, closed mouth, brown ragged robes, gray shirt, slightly torn skirt, red shoes, girl in the room. --ar 2:3 --niji 5 --style scenic

다음은 상체만 묘사한 것의 예입니다. 금발 소년, 흰색 티셔츠 키워드를 넣어 생성했습니다.

```
Blond boy, white t-shirt, in the room.
--ar 4:3 --niji 5 --style scenic
```

또한 전신이 나오려면 이미지의 비율도 중요한데, 세로가 긴 비율로 해야 제대로 서 있는 그림이 나오며 가로가 긴 비율이면 구부정하거나 앉아 있는 이미지가 나올 수 있습니다.

앞에서 외모와 옷 정도의 프롬프트를 변경했지만, 그것만으로는 비슷한 그림체만 나오니 조금 심심할 수 있습니다. 그럴 때 앞의 챕터에서 사용한 다양한 기법을 동원하여 프롬프트를 적어볼 수 있습니다.

5.3 프롬프트로 다양한 그림체 구현하기

저택 앞에서 소년과 소녀가 오랜만에 만나 기뻐하며 서로를 끌어안는 모습을 만들었습니다. 미드저니와 니지저니 모두 안톤 피에크Anton Pieck라는 화가의 그림을 학습했기에 해당 화가의 그림체로 그릴 수 있습니다.*

Painted By Anton Pieck, A boy and girl hugging and rejoicing in front of a mansion, close up face --ar 4:3 --v 5.1

Painted By Anton Pieck, A boy and girl hugging and rejoicing in front of a mansion, close up face --ar 4:3 --niji 5

★ 어떤 화가를 학습했는지 다음 사이트를 확인하면 도움이 됩니다. https://github.com/willwulfken/MidJourney-Styles-and-Keywords-Reference

이어지는 그림은 미드저니와 니지저니를 이용해 알폰스 무하Alfons Mucha가 그린 느낌이 나는 귀여운 소녀(cute girl) 이미지를 만들었습니다.

cute girl, Painted By Alphonso Mucha --ar 2:3 --v 5.1

cute girl, Painted By Alphonso Mucha --ar 2:3 --niji 5

마찬가지로 구스타프 클림트Gustav Klimt 풍의 귀여운 소녀 이미지입니다.

cute girl. Art By Gustav Klimt --v 5.1 --ar 2:3

cute girl. Art By Gustav Klimt --niji 5

인공지능이 학습한 화가의 화풍이라면 현재 활동하는 화가의 그림도 만들 수 있습니다. 다음은 피터 모르바허Peter Mohrbacher 풍의 그림입니다. 이번에는 프롬프트를 변경하여 붉은 머리의 병사의 강렬한 눈빛을 표현하도록 만들었습니다.

```
soldier with a gun, red long hair, brown intense eyes,
Painting By Peter Mohrbacher --ar 4:3 --v 5.1
```

```
soldier with a gun, red long hair, brown intense eyes,
Painting By Peter Mohrbacher --ar 4:3 --niji 5
```

그림의 분위기를 바꾸기 위해서 기존 화가의 화풍뿐만 아니라 그림을 그리는 도구를 지정하는 방법도 사용할 수 있습니다. 다음의 예는 소녀가 봄의 넓은 들판에 누워있다는 묘사와 함께 색연필로 그려달라는 프롬프트를 입력했습니다.

그리고 색연필이 직접 이미지에 등장할 수 있으니 –no pencil 프롬프트를 추가했습니다.

A cute girl with silver hair and closed eyes is sleeping. She is lying on back and in a wide field. The field in spring is full of flowers and sparse with buds. drawing by color pencil --no pencil --ar 4:3 --v 5.1

A cute girl with silver hair and closed eyes is sleeping. She is lying on back and in a wide field. The field in spring is full of flowers and sparse with buds. drawing by color pencil --no pencil --ar 4:3 --niji 5

사실주의 시대의 화가 이름을 빌려올 수 있습니다. 벽에 걸 액자에 들어갈 그림을 만들거나 휴대전화의 바탕화면을 만들면 좋지 않을까요?

금발 소녀가 햇살 가득한 거실에서 행복한 표정으로 피아노를 치는 모습의 프롬프트입니다. 화가의 이름은 아돌프 멘첼Adolph Menzel입니다.

A light-blond, blue-eyed girl plays happily at the piano in her sunlit living room. Painted By Adolph Menzel --ar 4:3 --v 5.1

A light-blond, blue-eyed girl plays happily at the piano in her sunlit living room. Painted By Adolph Menzel --ar 4:3 --niji 5 --style expressive

조금 더 응용해보면, 종이접기로 만든 미켈란젤로Michelangelo의 조각상을 볼 수도 있습니다.

Michelangelo style, Paper
art, colorful --ar 1:1
--style expressive

Michelangelo style, Paper
art, colorful --ar 1:1
--style raw --s 750

피카소Picasso가 그린 검은 고양이가 그려진 우표는 어떨까요?

Postage Stamp with black cat
illustration, cartoon, stylized,
Picasso --ar 1:1 --style scenic

Postage Stamp with black cat
illustration, cartoon, stylized,
Picasso, --style raw --s 750

이렇게 프롬프트에 다양한 표현 기법을 이용하면 자신만의 독특한 이미지를 만들어낼 수 있습니다.

5.4 원하는 그림을 얻은 후 조금씩 변화를 주는 방법

미드저니와 니지저니에서 원하는 풍의 이미지를 주는 프롬프트를 사용했다고 하더라도, 너무 많은 정보를 입력하면 자신이 원하는 그림에서 멀어진 결과가 나오는 경우가 종종 있습니다.

다음과 같은 경우를 예로 들어보겠습니다. 화가는 클로드 모네Claude Monet로 입력하고, 중년의 남자가 책을 읽는 프롬프트를 넣었습니다.

artwork by Claude Monet, A middle-aged man reading a book. --ar 3:4 --style raw --v 5.1

앞의 이미지처럼 간단한 프롬프트를 넣으면 클로드 모네가 그린 것처럼 보여줍니다. 다음으로 화가는 같지만, 조금 더 많은 정보를 넣어보겠습니다. 중년의 남자가 책을 읽고 있으면서, 파이프 담배를 입에 물고, 검은색 긴 머리카락을 한 채로 슈트를 입은 갈색 눈동자의 신사라고 입력하겠습니다.

```
artwork by Claude Monet, A middle-
aged man reading a book, He has a
tobacco pipe in his mouth, Long black
hair, Gentleman's suit, Brown eyes,
--ar 3:4 --style raw --v 5.1
```

앞의 그림처럼 클로드 모네의 화풍으로 그리라는 프롬프트가 들어 있지만, 뒤에 자세한 프롬프트가 들어가면 점점 원하는 그림체와 멀어지는 경향이 있습니다.

이런 일이 반복되면 원하는 그림을 얻기 전에 지쳐서 그만하고 싶은 마음이 들 수 있습니다. 이럴 때 앞에서 설명한 '캐릭터의 그림체를 비슷하게 만드는 방법(100쪽 참고)'을 이용할 수도 있지만, 여기서는 새로운 방법을 사용해보겠습니다.

그림을 올려 프롬프트를 받는 방법

앞서 클로드 모네의 그림체로 만들어진 이미지를 이용해 미드저니와 니지저니를 통해 프롬프트를 알아내는 기능을 소개합니다. 이 기능을 통해 자신이 그린 그림, 인터넷에 공유된 그림, 미드저니와 니지저니가 만든 그림을 보여주어 프롬프트를 돌려받을 수 있습니다.

미드저니와 니지저니에게 그림을 보여주고 프롬프트를 받기 위해서는 먼저 다이렉트 메시지 기능을 사용해야 합니다.

그림 5-15 명령어 입력을 위한 다이렉트 메시지 사용

그림 5-15와 같이 미드저니와 니지저니에게 다이렉트 메시지를 보내기 위해서는 먼저 해당 봇에게
메시지를 보내 리스트에 추가해야 합니다.

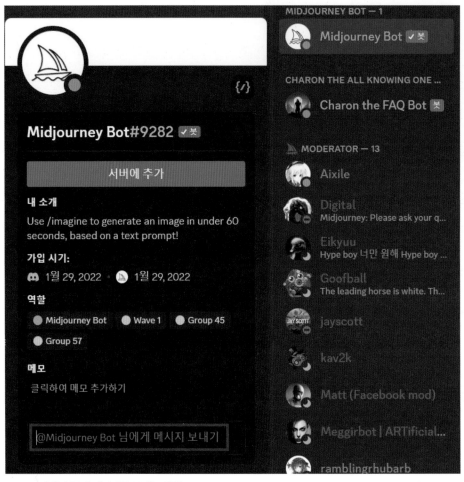

5-16 서버에서 봇에 메시지를 보내는 방법

미드저니, 니지저니 디스코드 채널에 가면 오른쪽 위에 해당 봇이 보입니다. 그 봇을 클릭 후 나타나는 창의 가장 아래 [@Midjourney Bot 님에게 메시지 보내기]에 글을 쓰면 둘만의 대화를 할 수 있게 됩니다. 이 방법을 사용하기 전에 :envelope:로 시드를 요청한 적이 있다면 다이렉트 메시지 상대방에 이미 추가되어 있을 테니 거기서 바로 시작해도 됩니다.

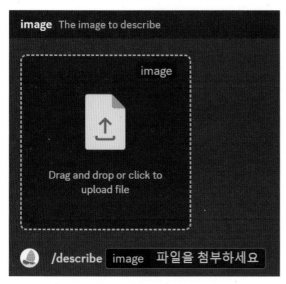

5-17 명령어를 통해 이미지 파일을 업로드하는 모습

다이렉트 메세지에서 /describe라는 명령어를 넣으면 그림 5-17과 같이 이미지를 업로드할 수 있습니다. 그곳에 이미지를 업로드하면 해당 이미지에 대한 프롬프트를 돌려줍니다.

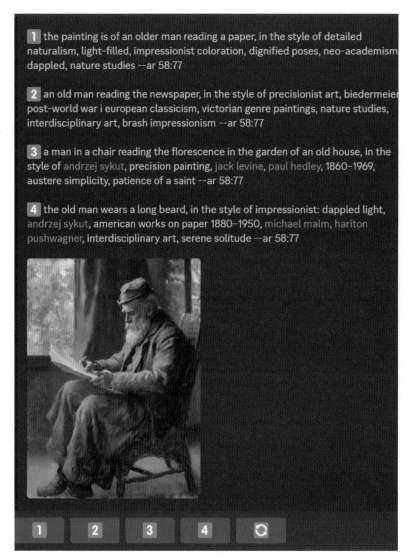

1 the painting is of an older man reading a paper, in the style of detailed naturalism, light-filled, impressionist coloration, dignified poses, neo-academism dappled, nature studies --ar 58:77

2 an old man reading the newspaper, in the style of precisionist art, biedermeier post-world war i european classicism, victorian genre paintings, nature studies, interdisciplinary art, brash impressionism --ar 58:77

3 a man in a chair reading the florescence in the garden of an old house, in the style of andrzej sykut, precision painting, jack levine, paul hedley, 1860–1969, austere simplicity, patience of a saint --ar 58:77

4 the old man wears a long beard, in the style of impressionist: dappled light, andrzej sykut, american works on paper 1880–1950, michael malm, hariton pushwagner, interdisciplinary art, serene solitude --ar 58:77

그림 5-18 **그림을 입력하고 프롬프트를 돌려받은 모습**

미드저니와 니지저니는 그림 5-18과 같이 하나의 이미지에 4가지의 프롬프트를 돌려줍니다. 그중 마음에 드는 프롬프트를 선택할 수 있습니다. 여기서는 1번 프롬프트가 마음에 드니 [1] 버튼을 눌러보겠습니다.

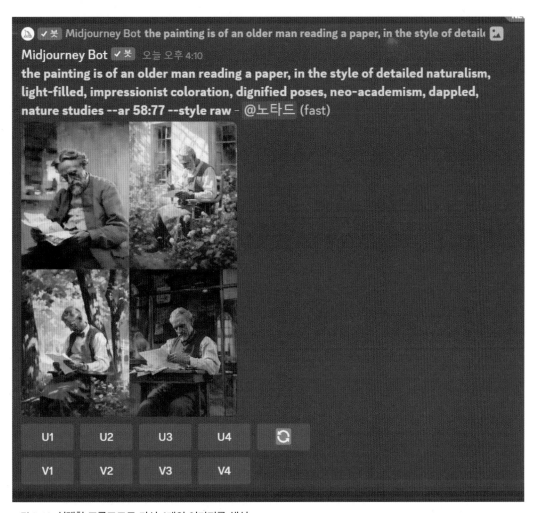

그림 5-19 **선택한 프롬프트로 다시 4개의 이미지를 생성**

[1]을 선택하면 그림 5-19와 같이 미드저니 혹은 니지저니가 만든 프롬프트를 이용해 다시 그림을 그려줍니다. 이제 저 프롬프트를 이용해 원하는 결과를 얻을 가능성이 높아졌습니다. 저 프롬프트 에다가 조금 전에 담배를 물고 있는 검은 머리의 슈트를 입은 남성 프롬프트를 붙여보겠습니다.

He has a tobacco pipe in his mouth, Long
black hair, Gentleman's suit, Brown eyes,
in the style of detailed naturalism, light-
filled, impressionist coloration, dignified
poses, neo-academism, dappled, nature
studies. --ar 58:77 --style raw

앞의 예와 같이 미드저니가 돌려준 프롬프트를 통해 약간의 변경으로 그림체를 변치 않게 하는 방법입니다. '신문을 읽는 중년' 프롬프트 대신 '담배를 피우고 긴 머리카락의 정장을 입은 남성'을 넣었고, 그 뒤의 프롬프트는 미드저니에게 돌려받았던 프롬프트를 그대로 사용했습니다.

이런 식으로 그림체를 통일하며 다양한 형식의 이미지를 만드는 방법을 사용할 수 있습니다.

5.5 배경을 잘 만드는 방법

Hokkaido heavy snow, 16mm f/2.8, hyperrealistic photography, style of unsplash and National Geographic --ar 16:9 --style raw --v 5.1

Hokkaido heavy snow, 16mm f/2.8, hyperrealistic photography, style of unsplash and National Geographic --ar 16:9 --style scenic --niji 5

앞의 그림에서 위는 미드저니, 아래는 니지저니로 만들었습니다. 프롬프트는 눈이 내리는 홋카이도 입니다. 실제 사진 같은 배경을 원하면 미드저니에게 맡기고, 일러스트 느낌의 배경을 원하면 니지저니에게 맡기면 될 것 같습니다. 그러면 어떻게 저런 풍경을 만들 수 있을까요?

원하는 이미지를 구하려 할 때, 지명을 적어주면 좋습니다. 서울의 도심, 외국 시골의 풍경, 또는 유명한 관광지 같은 지명을 적어주면 최대한 그 장소와 비슷하게 만들어줍니다. 그러면 스코틀랜드의 하일랜드를 그려 달라는 프롬프트를 작성해보겠습니다. 실제 사진과 같은 이미지를 얻기 위해 미드저니를 사용하겠습니다.

hills of the scotland highlands, --ar 16:9 --v 5.1

위 그림을 보면 괜찮게 잘 나온 작품이지만, 어쩐지 사진보다 그래픽 같은 느낌이 들고 무언가 조금 부족해 보입니다. 좀 더 사진처럼 사실적인 이미지를 얻기 위해 어떤 카메라 설정으로 작품을 만들지 프롬프트에 추가해보겠습니다.

hills of the scotland highlands, f/4, 14mm wide-angle lens, --ar 16:9 --v 5.1

위 이미지는 14mm 광각 렌즈를 사용하고 조리개를 f/4로 맞춘 설정(f/4, 14mm wide-angle lens)입니다. 앞의 이미지에 비해 조금 더 선명하고 사진에 가까운 이미지가 나왔습니다. 미드저니는 카메라의 촬영 설정값을 입력하는 프롬프트를 인식하며, 다른 종류의 프롬프트가 없다면 사진에 가깝게 만들어줍니다.

카메라 설정을 이용하는 방법은 바로 다음 절에서 자세히 설명하겠습니다.

그럼 여기에서 분위기에 맞게 프롬프트를 조금 더 넣어보겠습니다. 앞에 나온 이미지 역시 훌륭하지만, 한밤중에 안개가 가득한 길을 걸어간다는 상상을 한다면 해당 분위기에 맞는 이미지가 필요할 것입니다. 기존 프롬프트에 안개가 낀 밤(on a foggy night)을 추가했습니다.

The Highlands of Scotland on a foggy night, f/4, 14mm wide-angle lens, --ar 16:9 --v 5.1

어떤가요? 좀 더 생각한 이미지와 맞는 그림이 만들어졌습니다.

하늘에 구름만 있으니 조금 아쉽습니다. 그래서 이번에는 하늘에 달을 넣어보겠습니다. 한밤중에 별과 함께 큰 달이 뜬 평원은 또 다른 매력이 있으니까요. 카메라의 설정을 조금 조정하여 별빛이 길게 늘어지지 않게 하겠습니다. 조리개를 개방하여 노출 시간을 줄이는(f/1.8, 조리개 숫자를 낮게 하면 셔터 스피드가 상승합니다) 프롬프트를 사용하면 될 것 같습니다. 그럼 어떤 그림이 나왔을지 기대해볼까요?

The Highlands of Scotland on a starry night with huge Moon, f/1.8, 14mm wide-angle lens,
--ar 16:9 --style raw --s 750

구름이 걷히고 큰 달이 뜬 밤하늘에 별빛도 반짝이는 그림이 완성되었습니다.

이번에는 니지저니를 이용하여 게임이나 소설 삽화로 들어갈 만한 배경을 만들어보겠습니다. 이야기를 만드는 중이라고 가정하고, 주인공이 생활하는 마을을 그려보면 어떨까요? 산비탈에 세운 마을이라는 느낌으로 만들어보겠습니다. 원하는 이미지가 나왔을 때 seed값을 받으면 됩니다. 이미지 하나를 확대했을 때는 seed값을 주지 않으니 4개가 함께 나온 이미지에서 받아야 함을 꼭 기억하세요.

깊은 산속, 자정무렵 높은 곳에서 마을을 내려다보는 각도로, 화려한 불빛이 반짝이는 그림을 만들기 위해 프롬프트에 'deep in the mountains, high on a hill overlooking a midnight city, a city of colorful lights'를 넣고 그림을 만들겠습니다.

Deep in the mountains, high on a hill overlooking a midnight city, a city of colorful
lights. --ar 16:9 --style expressive --s 50

한밤중의 마을을 만들었습니다. 이야기가 전개됨에 따라 낮의 마을 모습이 필요할 것입니다. 그
때 너무 다른 모습의 마을이 나타나면 안 되니, 현재 모습을 유지하며 시간만 낮으로 바꿔보겠
습니다.

만들어진 이미지의 링크를 가져온 뒤 프롬프트에 낮 시간을 추가해서 이미지를 바꿔보겠습니다.

생성된 이미지를 우클릭하여 [링크 복사하기]를 누르면 이미지의 주소를 얻을 수 있습니다.

https://s.mj.run/5MdK23ByI1Y, Deep in the mountains, high on a hill overlooking a bright daytime city --ar 16:9 --seed 2819890760 --style expressive --s 50

앞에서 얻은 이미지 주소와 함께 seed값(이미지 4개일 때 얻음)을 프롬프트에 넣은 후 a midnight city 프롬프트를 a bright daytime city로 변경했습니다. 완벽하게 동일한 이미지는 아니지만, 같은 마을을 다른 각도에서 그렸다고 주장해도 될 정도는 나온 듯합니다.

미드저니는 사진에 가깝게 나오지만, 니지저니는 그림에 좀 더 가깝게 나오니 일러스트가 필요한 곳에 사용할 수 있습니다. 그리고 배경 이미지 역시 캐릭터 만드는 것과 같은 방식으로 예전에 만들었던 이미지를 이용해서 프롬프트를 조금씩 바꾸며 그림체를 유지할 수 있습니다.

또한 다른 구도로 비슷한 그림체를 만들기 위해서 예술가의 이름을 사용하면 원하는 결과를 얻을 가능성이 높아집니다.

이번에는 아티스트를 이용해 배경을 그려보겠습니다.

높고 푸른 하늘, 떠오르는 태양과 그 빛이 길처럼 이어지는 해변 마을의 프롬프트를 넣었습니다. 거기에 토머스 킨케이드Thomas Kinkade의 이름을 넣어 그 아티스트가 그린 것처럼 만들게 하였습니다.

A seaside town with sparse houses, a high blue sky, the sun rising and its light shining like a path. Painting By Thomas Kinkade --ar 16:9 --niji 5 --style expressive --s 400

다음은 같은 아티스트의 풍으로 높은 절벽에서 내려다보는 작은 도시입니다.

A small city overlooked from a high cliff. Painting By Thomas Kinkade --ar 16:9 --niji 5 --style expressive --s 400 --style expressive --s 50

이렇게 아티스트를 동일하게 입력하여 그림체를 비슷하게 만들어줄 수 있습니다.

또한, 그리기 도구를 이용하여 다음과 같은 멋진 결과를 가져올 수 있습니다.

다음의 예를 보면 oil acrylic pastel watercolor라는 프롬프트를 이용하여 오일 아크릴 파스텔 수채화 느낌을 살렸습니다. 이처럼 그림 도구를 프롬프트에 넣는 것으로 작품의 느낌을 보다 개성 넘치게 살릴 수 있습니다.

oil acrylic pastel watercolor beautiful magical, very detailed, A foggy forest with rain. --ar 2:1 --v 5.1

oil acrylic pastel watercolor, rainy town, --ar 2:1 --v 5.1

다음은 구아슈gouache 물감, 마커를 이용한 이미지 제작의 예시입니다.

A cute story of a very small world. teeming with life and stories - gouache, marker, --v 4
--ar 16:9

A town with cute animals, gouache, marker, --v 5.1 --ar 16:9

5.6 카메라 세팅을 이용하는 방법

미드저니를 통해 실제 사진 같은 이미지를 얻으려면 카메라 세팅을 자세히 입력하는 것이 중요합니다. 예를 들기 전에 사진 촬영에 관한 간단한 지식 먼저 설명하겠습니다.

화각

카메라 렌즈는 표준 렌즈, 광각 렌즈, 망원 렌즈로 분류할 수 있습니다. 표준 렌즈는 인간의 눈으로 보는 것과 화각angle of view이 비슷한 렌즈를 말합니다. 광각 렌즈는 표준 렌즈보다 넓은 범위를, 망원 렌즈는 표준 렌즈보다 좁은 범위를 보여주는 역할을 합니다.

광각 렌즈는 카메라가 볼 수 있는 각도를 넓게 하여 카메라의 상에 맺히는 범위가 넓은 것을 뜻합니다. 보다 넓게 세상을 가져오니 같은 이미지의 크기라면 작게 나오게 됩니다.

반대로 망원은 좁은 공간만 상에 담습니다. 즉, 같은 이미지의 크기에 좁은 범위의 세상을 가져오기에 먼 곳이 크게 보이는 효과입니다.

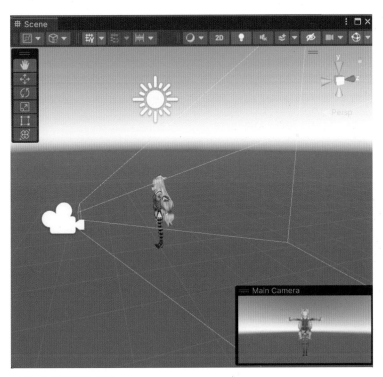

그림 5-1 **표준 렌즈 화각**

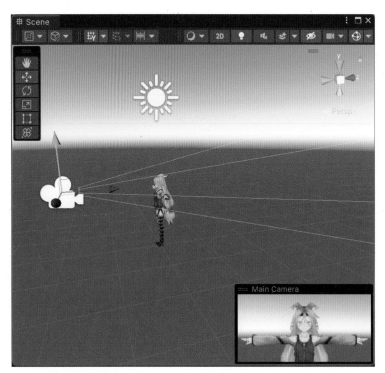

그림 5-2 **망원 렌즈 화각**

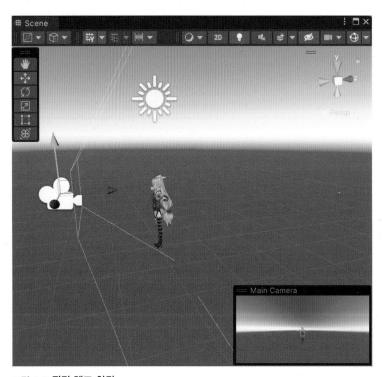

그림 5-3 **광각 렌즈 화각**

미드저니, 니지저니에서 프롬프트를 표현할 때 숫자 뒤에 mm를 붙여서 화각을 지정할 수 있습니다. 예를 들어 16mm, 50mm, 150mm과 같은 식입니다.

50mm가 표준, 즉 인간의 눈으로 보이는 것과 비슷한 이미지를 보여주며, 50mm보다 작으면 광각이 되어 더 작고 넓은 결과를, 50mm보다 크면 더 좁고 확대된 이미지를 보여줍니다.

이탈리아의 피렌체 대성당을 예로 프롬프트에 15mm, 50mm, 250mm로 화각을 변경한 결과를 보겠습니다.

Duomo di Firenze, 15mm, --ar 16:9 --v 5.1

Duomo di Firenze, 50mm, --ar 16:9 --v 5.1

Duomo di Firenze, 250mm, --ar 16:9 --v 5.1

조리개

그림 5-4 **f/1.2**

그림 5-5 **f/16**

F로 표현하는 조리개값은 카메라 렌즈에서 사용하는 조리개 수치를 의미합니다. `deep depth of field` 파트(179쪽)에서 다시 한번 살펴보고, 여기서는 간단히 설명하겠습니다. 사진을 찍을 때 조리개를 개방할수록 한 번에 많은 빛을 받을 수 있어 같은 사진을 찍는다면 좀 더 밝은 이미지를 얻을 수 있습니다. 'f/' 뒤의 숫자가 작을수록 조리개를 더 많이 개방한다는 의미입니다. 셔터 스피드와 함께 사용하여 빛의 총량을 조절하는데, 조리개값이 작을수록 셔터 개방 속도를 짧게 하여 조절합니다.

조리개를 개방할수록(숫자가 작을수록) 피사체를 제외한 배경은 흐릿해지며, 닫을수록(숫자가 클수록) 모든 사물이 선명해집니다.

f/1.8, 85mm lens, warrior --ar 3:2 --v 5.1

f/5.6, 85mm lens, warrior --ar 3:2 --v 5.1

f/16, 85mm lens,
warrior --ar 3:2

로앵글, 하이앵글

말 그대로 아래에서 올려다보는 것은 로앵글, 위에서 내려다보는 것은 하이앵글입니다. low angle shot이나 High angle shot을 프롬프트에 넣으면 그대로 표현해줍니다.

f/2, 85mm lens,
warrior, high
angle shot --ar
3:2 --v 5.1

f/2, 85mm lens,
warrior, low
angle shot --ar
3:2 --v 5.1

실루엣

프롬프트에 Silhouette shot을 넣어주면 다음과 같이 실루엣 사진을 보여줍니다.

Silhouette shot, f/2.8, 70-200mm telephoto
lens, old man --ar 2:3 --v 5.1

비행기 뷰, 조감도

아래의 예에서 밀라노 대성당을 하늘 위에서 바라본 그림을 요청했습니다. 마치 비행기에서 보는 듯한 이미지를 원한다면 view from airplane(비행기 뷰), an aerial view(조감도)를 프롬프트에서 요청할 수 있습니다.

view from airplane, Duomo di
Milano --v 5.1

조감도 설정으로 반지의 제왕에서 나오는 엘프의 도시 곤돌린을 표현했습니다.

an aerial view, Gondolin --v 5.1

드론 촬영 사진 프롬프트도 비슷한 효과를 보여줍니다.

Drone Photography, Cliffs by the sea --ar 16:9 --v 5.1

기타 카메라 키워드

- Extreme long shot: 극단적으로 멀리서 바라보는 시점입니다.

- wide-angle zoom lens: 광각 줌 렌즈 키워드입니다.

- Satellite image: 위성 이미지의 키워드입니다.

- Macro photo of a bee: 벌이 바라보는 시점의 키워드입니다.

- 360 view: 360도로 촬영한 듯한 이미지를 만드는 키워드입니다.

- Wide-Angle Shot: 피사체에서 카메라를 뒤로 당겨 촬영합니다.

- Ultra-Wide Angle: 카메라를 피사체에서 아주 뒤로 당겨 촬영합니다.

- Eye-Level Shot: 인물의 머리 높이에서 촬영합니다.

- Far-Shot Angle: 인물이 매우 작거나 멀리 보입니다.

- Medium-Shot Angle: 무릎 높이에서 인물을 올려다보는 시점입니다(아이가 부모를 올려다보는 경우).

- Ground-Shot Angle: 인물을 내려다보는 시점입니다(부모가 자녀를 내려다보는 경우).

- Full-Shot Angle: 대상의 모든 것이 담기는 각도입니다.

- Full-Body Shot: 풀샷 앵글과 같습니다. 머리부터 발끝까지입니다.

- Glamour Shot: 항상 매력적인 인물 촬영용 키워드입니다.

- back view shot: 뒷모습에서 옆으로 돌아본 모습입니다.

- Shot From Behind: 뒷모습을 보여줍니다.

- selfie: 셀카 키워드입니다.

- Closeup Shot: 가까이에서 촬영한 이미지를 보여줍니다.

- Extreme Closeup Shot: 극단적으로 가까운 이미지입니다.

- Two Shot: 카메라가 두 사람을 같은 샷에 담습니다.

- Side View: 옆모습을 촬영합니다.

- Distant Shot 또는 Far Distance: 피사체에서 멀리 떨어져 있습니다.

- Horizon Shot 또는 Panoramic View: 카메라가 멀리 떨어져 있으며 넓은 시야를 보여줍니다.

- Long Shot 또는 Establishing Shot: 카메라가 멀리 떨어져 있어 전체 장면을 보여줍니다.

- Telephoto Shot 또는 Narrow Field of View: 카메라가 멀리 떨어져 있어 특정 피사체에 초점을 맞춥니다.

- Medium Shot 또는 Mid Shot: 카메라가 허리 위에서 피사체를 촬영합니다.

- Over-the-Shoulder Shot 또는 OTS Shot: 카메라가 사람 뒤에 위치하여 사람의 시점을 포착합니다.

- Point-of-View Shot 또는 POV Shot: 카메라가 피사체가 보고 있는 것을 캡처합니다.

5.7 미드저니를 이용한 독특한 이미지 만들기

미드저니는 평범한 프롬프트를 사용하면 비슷한 이미지만 만들어주지만, 프롬프트에 따라 무궁무진한 이미지를 만들어낼 수 있습니다. 상상력만 발휘하면 됩니다.

어떤 이미지를 만들 수 있는지 몇 가지 프롬프트로 예를 들어보겠습니다.

문신

평범한 디자인이 마음에 들지 않는다면 문신 디자인을 직접 해볼 수 있습니다. 몸에 새기는 문신 디자인을 미리 만들어볼 수 있고 그게 아니더라도 카드 게임의 그림체를 문신처럼 만드는 방법도 사용해볼 수 있겠죠.

Tiger and beauty girl, Color tattoo, Sailor Jerry, Grain shading, Black lines, Tattoo design, White textured background 64k, octane render, --ar 5:4 --v 5 --q 2

the playing card shows a large ship and a tattoo, in the style of honeycore, tenwave, colorized, 1970-present, tumblewave, flickr --ar 18:25 --v 5 --q 2

종이 인형

Kirigami, 종이 인형을 만드는 프롬프트입니다. 풍성한 설명이 더해지면 미드저니가 그에 맞는 그림을 만들어줍니다.

별이 빛나는 밤 하늘 아래 한복을 입은 어여쁜 여인, 고양이와 나무 등 어떤 것이든 좋습니다.

starry night sky, kirigami art style, 2d, Korean hanbok flowers themed character dressed in fashionable hanbok, showcasing the intricate details and surreal style that perfectly embody. --v 5.1 --q 2

Blue sky and cherry blossom-filled background, kirigami art style, 2d, cat and butterfly --v 5 --q 2

유리 공예

독특한 디자인을 원한다면 이런 것도 프롬프트로 좋을 것 같습니다. 유리로 만든 장미, 크리스탈로 만들어진 곤충 등 색다른 매력이 느껴집니다. Glass craft 또는 crystals 같은 프롬프트 뒤에 어떤 단어를 넣어도 퀄리티 높은 결과물을 얻을 수 있습니다.

Glass Craft. Intricate
workmanship, red
roses. --ar 4:3 --v 5
--q 2

made by crystals,
dragonfly, transparent,
fantasy, shimmering,
dramatic lighting,
photo realism, ultra-
detailed, 4k, Depth of
field --ar 4:3 --v 5
--q 2

네온사인 스타일

네온사인이 들어간 디자인이라면 flat vector neon 프롬프트를 입력하면 됩니다. 악기, 예를 들어 피아노, 기타, 바이올린 같은 것은 물론, 꽃, 나무, 동물 등 무엇이든 네온사인 효과를 넣어 만들수 있습니다.

flat vector neon color piano, octane
render --ar 4:5 --v 5 --q 2

flat vector neon orange
color flower --ar 5:4 --v 5
--q 2

모스 부호

독특한 이미지를 그린다고 하면 모스 부호 프롬프트를 사용할 수 있을 듯합니다. Morse code symbols 프롬프트를 마지막에 넣으면 원하는 이미지를 점 단위로 분해하여 새롭고 독특한 이미지를 생성합니다.

flat 2d design, huge tree, Morse Code symbols --ar 3:2 --v 5 --q 2

a galaxy in Morse Code symbols --ar 3:2 --v 5 --q 2

예술가 혼합

모두에게 익숙한 그림을 다른 예술가가 그린다면 어떨까요? 아래의 예시와 같이 반고흐의 작품을 피카소가 그린다면? 새롭게 해석한 그림으로 또 다른 아이디어를 얻을 수 있지 않을까요?

On a starry night, style of picasso --ar 3:2 --v 5 --q 2

Wassily Kandinsky's Winter Landscape, Painted By Andy Warhol --ar 4:3 --v 5 --q 2

16비트 그림

평범한 유화, 수채화를 조금만 더 비틀어 볼 수도 있습니다. 16-bit 프롬프트를 통해 그림을 조금 더 거칠게 만들 수 있습니다. 8-bit, 4-bit, 2-bit 다양하게 실험한다면, 단순하면서도 아름다운 결과를 얻을 수 있습니다.

16-bit oil painting, pixel-like brushstrokes, Snowy streets of Switzerland, soft focus, --v 5 --q 2

2-bit water painting, A lonely scene with streetlights illuminating the street, soft focus, --ar 5:4 --v 5 --q 2 --uplight

나이브 아트

원시 부족의 예술을 재창조하면 어떨까요? Naive art 프롬프트면 할 수 있습니다. 판타지 소설에
등장하는 가문의 문장이 필요한가요? 단순한 색으로 다양한 표현을 해보고 싶나요?

fantasy golden coin, naive
art --v 5 --q 2

sun and fullmoon, naive art
--v 5 --q 2

매크로

평소에 보기 힘든 아주 미세한 세계의 그림을 만들 수도 있습니다. 생물학 발표를 준비하거나, 우리가 눈으로 보기 힘든 작은 이미지가 필요한 경우 macro 프롬프트를 첨부하면 아주 작은 세계를 거대하게 만들어 보여줍니다.

macro of ant --ar 5:4 --v
5 --q 2

macro Krill Shrimp --ar 4:5 --v 5 --q 2

아련한 이미지

또렷한 이미지보다 부드러운 이미지를 원한다면 stop 명령을 사용하는 것도 하나의 방법입니다. 마치 초점이 맞지 않는 사진 작품이 더 예술적인 느낌이 드는 것처럼 말이죠.

Fields of Tulips, ethereal and dreamlike, watercolor style, --ar 3:2
--stop 80 --v 5 --q 2

starry, purple night sky. watercolor style, --ar 3:2 --stop 80 --v 5
--q 2

아르누보

근대풍의 세련되고 화려한 이미지를 원하나요? Art Nouveau 프롬프트를 이용하면 마음에 드는
결과를 얻을 수 있습니다.

Crescent, Art Nouveau --q 2 --v 5.1

blue bird on red flower, Art Nouveau
--q 2 --v 5.1

생동감

Vibrant 프롬프트를 넣어봅시다. 정적인 그림에 생동감을 얻게 될지도 모릅니다.

Girl with a lamp in the forest at night, vibrant, ultra high definition, comic book, --ar 16:9 --v 5 --q 2

The crowded summer streets of Myeongdong, Seoul, vibrant, ultra high definition, Storybook Illustration --ar 16:9 --v 5.1 --q 2

ASCII art

컴퓨터에서 표현하는 그림문자를 이용하여 멋진 이미지를 만들고 싶다면 ASCII art 프롬프트를 사용하면 멋진 결과를 얻을 가능성이 높습니다.

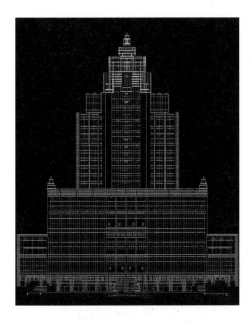

huge building, ASCII art --ar 4:5 --v 5 --q 2

horse, ASCII art --ar 2:3 --v 5 --q 2

미니어처

작은 세상은 어떨까요? 미니어처 전시장에서 찍은 듯한 사진이라면 활용할 곳이 많지 않을까요? 이런 이미지에서 아이디어를 얻을 수 있지 않을까요? Miniature worlds 프롬프트와 함께 새로운 세상을 만들 수 있습니다.

Miniature worlds, A sky full of hot air balloons --ar 16:9 --v 5.1 --q 2

Miniature worlds, A white train stops at a train station in Europe. --ar 16:9 --v 5.1 --q 2

파노라마

360도 화면을 만들어볼까요? VR 세계의 배경을 손쉽게 만들 수 있을 것 같습니다. seamless 360 spherical panorama와 같은 키워드를 사용한다면 어떤 풍경이든 금방 만들어 줄 것입니다.

거기에 비율은 2:1 정도로 설정하면 완벽할 것 같습니다.

seamless 360 spherical panorama, Fantastic world from a high mountain. Colorful trees under a blue sky. --ar 2:1 --v 5 --q 2

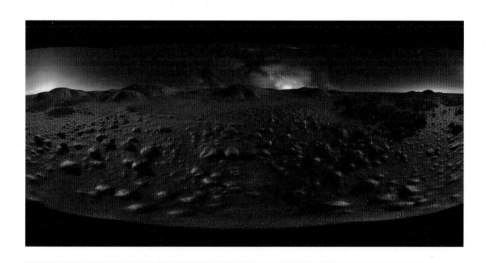

seamless 360 spherical panorama, Red Martian barrens and black cosmic skies --ar 2:1 --v 5 --q 2

지도

멋진 세계를 창조하고 있나요? 그렇다면 미드저니의 도움을 받을 수 있는 방법이 있습니다. 바로 그 세계의 지도를 그려달라고 하는 것입니다. 그 지도를 통해 세세한 설정을 만들어보세요. 세계 지도를 만드는 골치 아픈 일을 쉽고 재미있게 만들어줍니다. map이라는 프롬프트가 있으니까요.

A map drawn on worn paper.
Fantasy background. --v 5.1 --q 2

colorful fantasy
city map. --ar
3:2 --v 5.1 --q 2

5.8 다양한 스타일 적용

미드저니를 통해 다양한 스타일을 적용해볼 수 있습니다. 애니메이션 제작회사, 사이버 펑크 스타일, 렌더링 스타일 같은 것들 말이죠. 원하는 화풍이 있다면 스타일 프롬프트를 사용하여 그리는 방법도 좋습니다.

Pixar movie style

애니메이션 제작으로 유명한 픽사(Pixar) 스타일로 만들 수 있습니다. 해당 스타일 뒤에 다양한 프롬프트로 제작할 수 있습니다.

Pixar movie style, HDR, A blonde girl walks by the curb with a school bag, looking this way. --ar 16:9 --v 5.1 --q 2

Disney animation style

디즈니(Disney) 역시 유명한 애니메이션 회사로 높은 퀄리티의 애니메이션 효과를 나타내줍니다.

Disney animation style, Red-haired girl running on the
beach under a blue sky --ar 16:9 --v 5.

Studio Ghibli cell style

일본에서 가장 유명한 애니메이션 회사인 지브리(Ghibli) 스타일로 멋진 장면을 만들 수 있습니다.

Studio Ghibli Cell Style, girl and boy having a conversation in a
classroom. --ar 16:9 --niji 5 --style cute --s 180

Blue lighting

특별한 분위기를 위해 빛의 색상을 줄 수 있습니다. 앞의 스타일과 합쳐지면 더 멋진 결과를 얻을 수 있지 않을까요?

```
blue lighting, Cyberpunk steamy
machine city --ar 5:4 --v 5.1
```

Long exposure

아래 이미지와 같이 하늘이 움직이는 사진을 본 적 있지 않나요? 또, 한밤의 도심에서 자동차가 긴 빛으로 만든 선을 그리며 달리는 사진을 본 적 있나요? long exposure(장노출)는 그런 효과를 쉽게 낼 수 있는 프롬프트입니다.

```
long exposure, Starry Grand Canyon --ar 16:9 --v 5.1
```

Iridescent

많은 색을 한 번에 표시하고 싶다면 Colorful과 Iridescent(무지갯빛) 프롬프트를 사용해보세요.

Iridescent, A room full
of toys --ar 4:3 --v 5.1

Time loop

극적인 효과를 내보고 싶나요? 시간에 쫓기는 듯한, 아니면 무한하게 반복되는 듯한 이미지를 표현하고 싶나요? Time loop를 사용해보세요.

Time loop, runing old
man --ar 3:2 --v 5

Maximum texture

인간, 동물, 사물, 건물 등 표현하고 싶은 사물에 질감을 강조하고 싶나요?

Maximum texture, moving white snake --v 5

Music album art

사물을 조금 더 단순하고 주제만 표현하고 싶을 때 사용하면 좋습니다. 단순하고 명확한 프롬프트를 입력하며 거기에 예술적인 감각도 추가하고 싶을 때 music album art를 붙이면 좋습니다.

music album art, flying dove under orange color sky --v 5.1

5.9 포커스 효과

미드저니에 포커스 프롬프트를 사용하여 다양한 연출을 만들 수도 있습니다.

Sharp focus, Soft focus

선명한, 부드러운 포커스의 예입니다. 두 이미지는 같은 프롬프트를 사용하고 있지만, 포커스 프롬프트에 따라 분위기가 다릅니다. 또한, 카메라 렌즈의 조리개를 이용하여 분위기를 다르게 표현할 수 있습니다.

Sharp focus, Canon RF 16mm f/2.8 STM Lens, Parisian streets, people sitting at outdoor tables, drinking coffee and smiling. --ar 5:4 --v 5.1

```
soft focus, Canon RF 16mm f/2.8 STM Lens, Parisian streets, people
sitting at outdoor tables, drinking coffee and smiling. --ar 5:4
--v 5
```

Deep depth of field

미드저니, 니지저니에서 피사계 심도depth of field, DOF값을 줄 수 있습니다. 앞의 예제 이미지에서는 f/2.8을 줬지만, 숫자를 키우면 키울수록 심도가 높아집니다.

'f/' 뒤 숫자의 의미는 카메라의 조리개를 말하고, 1이 조리개를 최대로 개방한 값이며, 숫자가 1에 가깝게 작아질수록 조리개를 개방해 목표로 한 사물 외에 모든 것을 흐리게 만들어줍니다. 반대로 숫자가 커질수록 모든 것에 초점이 맞게 됩니다.

같은 프롬프트로 예를 들겠습니다.

Canon RF 16mm f/1.2 STM Lens, Star Wars Darth Vader sd small
figure in the living room. --ar 4:3 --v 5

Canon RF 16mm f/22 STM Lens, Star Wars Darth Vader sd small
figure in the living room. --ar 4:3 --v 5

차이가 보이나요? 1.2로 그린 이미지는 다스 베이더 외에 모든 배경이 흐리게 보이지만, 22로 그린
이미지는 배경이 흐려지긴 했지만, 위의 이미지에 비해 또렷하게 보입니다. 이런 차이를 알면 좀 더
원하는 이미지에 가깝게 출력할 수 있지 않을까요?

Out-of-focus, Bokeh

일부러 포커스를 맞지 않게 그릴 수 있습니다. 꽃이 가득한 정원, 달리는 스포츠카, 군중이 밀집한 곳을 상황에 맞게 그려볼 수 있습니다.

또한, 포커스가 맞지 않을 때 사용하면 좋은 프롬프트로 bokeh가 있습니다. 흔히 '보케'라고 부르는 단어로, 초점이 맞지 않은 사물을 둥글게, 또는 특정한 모양으로 만들어주는 역할입니다.

out-of-focus, bokeh, Colorful yellow
flowers. --v 5

f/22, out-of-focus,
bokeh, A city at night
with streetlights on.
--ar 4:3 --v 5

artwork by Carlo Scarpa, People walking down a rainy street with different coloured umbrellas.
--ar 3:2 --v 6.0 --style raw

6

이미지
활용 방법

이미지 활용 방법

6.1 게임에 접목하기

이번 절에서는 미드저니와 니지저니를 이용하여 비주얼 노벨visual novel을 만드는 방법에 관해 설명하겠습니다.

프로그램을 처음부터 만들어서 서비스까지 모두 설명하기엔 이 책의 범위를 아득히 넘어서며, 목적도 맞지 않기에 여기서는 인공지능을 이용하여 비주얼 노벨의 배경과 캐릭터를 쉽게, 누구나 만들 수 있는 방향으로 설명하겠고, 이 내용은 게임에서 특정한 장면을 비슷하게 계속 만들어갈 때에도 적용할 수 있습니다.

Hyperrealism, Ruins after the war. A red, cloudy sky with a long evening sunset. Broken equipment is scattered across a large expanse of land, and a half-broken tank is visible in the center. --ar 16:9 --q 2 --niji 5 --style expressive

게임이나 책의 삽화 등 콘텐츠를 만들 때는 그림체를 통일하는 것이 필수입니다. 콘텐츠의 일관성이 핵심이기 때문입니다. 콘텐츠의 일관성이 없다면 그 작품은 혼란스럽고 몰입하기가 어려워 집중력의 저하로 이어집니다.

그래서 배경 이미지의 통일을 위해 그리기 도구(유화, 수채화, 구아슈, 래커, 목탄, 물감, 색연필 같은 도구)를 항상 동일하게 맞춰주거나, 동일한 작가의 이름을 이용하는 방법, 또는 그래픽의 효과(픽셀 아트, 모델링, 일러스트)를 적어주는 방법을 사용하면 좋습니다.

이 책에는 게임 개발에 필요한 모든 배경 그림은 Hyperrealism으로 통일하겠습니다. 비율 또한 맞춰야 하기에 --ar 16:9로 맞췄습니다. 비율은 깜빡하고 넣지 않는 경우가 때때로 있지만, 넣어주지 않으면 게임의 리소스로 사용할 수 없기에 빠뜨리지 않아야 합니다.

생성한 이미지와 함께 비주얼 노벨 툴을 이용하면 다음과 같은 내레이션을 연출할 수 있게 됩니다.

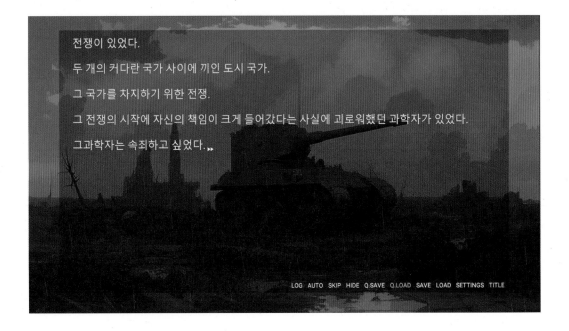

미드저니로 만든 배경 이미지로 도입부를 만들었습니다.

먼저 텍스트를 작성하고 글에 어울리는 배경 이미지를 만들기 위해 상상 속에서 그려본 이미지를 묘사한 프롬프트를 미드저니에 입력해 그림을 생성했습니다. 참혹한 전쟁이 끝난 평원, 석양, 전쟁의 잔해와 부서진 탱크 같은 것들을 말이죠. 이제 본격적인 이야기를 시작하기에 적당한 배경 이미지를 만들어보겠습니다.

Hyperrealism, Deep in the mountains on a summer's day. The path leads uphill, and the trees and flowers are in full bloom. --ar 16:9 --q 2 --niji 5 --style expressive

주인공이 한여름의 깊은 산 속을 땀흘리며 걷는 모습을 위한 이미지입니다. 그림체 통일을 위해 Hyperrealism을 앞에 붙였고, 비율은 마찬가지로 16:9로 했습니다. 주인공이 걷는 오르막길에 자연이 충만함을 표현하기 위해 나무와 꽃을 묘사했습니다. 현재 그림보다 조금 더 디테일을 주려면 꽃의 색상을 지정할 수 있고, 혹은 지구상의 실제 존재하는 어딘가 지명을 입력하면 상상 속의 결과물에 조금 더 가까이 다가갈 수 있습니다. 조금만 더 구체적으로 묘사해볼까요?

Hyperrealism, Deep in the mountains on a summer's day. A hillside with dense trees, red flowers in full bloom. Mt. Seolark, --ar 16:9 --q 2 --s 650 --niji 5 --style expressive

빽빽한 나무와 만발한 붉은색 꽃, 그리고 설악산을 프롬프트로 넣었습니다. 상상한 곳과 비슷한 지형의 이름을 넣는다면 원하는 결과물을 얻을 가능성이 조금 더 높아집니다.

이렇게 하면, 정말 사람이 잘 다니지 않을 만한 장소가 순식간에 그려졌습니다. 그리고 그 위에 내레이션을 넣어보겠습니다.

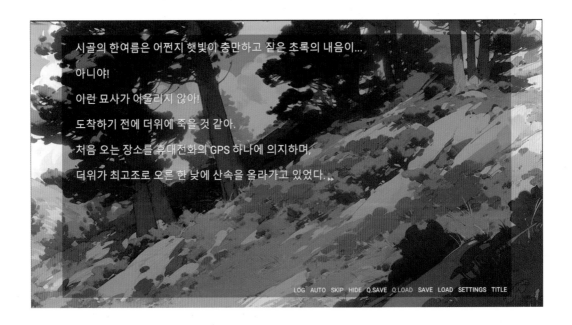

이런 배경이라면 주인공의 심정이 잘 표현되었을까요? 게임이니까 배경음악과 함께 매미 소리라도 들리면 조금 더 실감나게 주인공의 마음이 전달될 것 같습니다.

여기서 조금만 더 진행해보겠습니다. 이야기의 진행에 따라 과거 회상 장면을 만들기 위해 또 하나의 이미지를 만들었습니다.

먼저 다음의 결과물을 살펴봅시다. 그림을 만든 후에 이야기를 입혔습니다.

Hyperrealism, A cottage in the countryside. An elderly man in a suit is moving into a cottage. --ar 16:9 --q 2 --niji 5 --style scenic --s 400

이런 식으로 배경과 함께 캐릭터를 등장시키는 프롬프트를 이용해 이미지를 만들어볼 수 있습니다.

그렇지만 저 할아버지는 엑스트라 캐릭터이기 때문에 자세히 보여줄 필요는 없습니다. 저런 이미지에는 시간을 많이 사용할 필요는 없을 것 같습니다.

이제 저기서 조금 더 진행한 뒤 핵심 캐릭터가 나오는 장면을 만들어보겠습니다.

캐릭터를 만들려면 캐릭터의 특징을 알아야 합니다. 머리카락 색, 입고 있는 옷 같은 것들을 생각한 후 니지저니에게 만들게 시켜보겠습니다.

머리카락은 짧은 갈색, 15살 정도의 소녀, 무표정한 얼굴, 베이지 색 바탕의 붉은 꽃무늬가 들어간

드레스. 이렇게 생각해보겠습니다.

번역기를 통해 프롬프트를 작성하면 쉬워집니다.

> Short brown hair. A girl of about 15 years old. Emotionless face. Dress
> with red floral pattern on a beige background.

번역기를 통해 앞의 묘사를 영어로 번역해보았습니다. 여기에 처음 만나는 장소를 추가하겠습니다.

> A white hallway with no decorations and no windows.

이 상태에서 배경과 상호작용을 위해 행동을 stand라는 키워드를 넣어 프롬프트를 완성해보겠습니다.

Hyperrealism, Short brown hair. A girl of about 15 years old. Emotionless face. Dress with
red floral pattern on a beige background. standing in a white hallway with no decorations
and no windows. --ar 16:9 --q 2 --niji 5 --style scenic

위와 같이 만들면서 캐릭터와 배경의 조화를 위해 --style scenic을 사용했습니다. 캐릭터와 배경을 조화롭게 만드는 스타일입니다.

마음에 드는 이미지를 구했다면, :envelope: 쪽지를 통해 seed값을 알아옵니다.

앞에서 만든 이미지의 seed값은 494152706으로, 앞에서 넣은 프롬프트를 입력하면 항상 같은 결과가 나오는 값입니다.

이제 저 seed값을 통해 다른 장면을 또 만들어보겠습니다. 눈이 내리는 정원은 어떨까요?

```
Hyperrealism, Short brown hair. A girl of about 15 years old. wearing a winter coat.
sitting on a bench in garden with full of snow. close up --ar 16:9 --q 2 --seed 494152706
--niji 5 --style scenic
```

seed값을 넣었더니 비슷한 그림체로 다른 장면이 나왔습니다. 이미지 링크를 함께 넣으면 이미지를 기준으로 그리기에 비슷한 구도와 포즈, 장면이 나올 가능성이 높아집니다. 여기에선 다른 구도와 다른 배경, 다른 포즈를 그리기 위해 이미지 링크는 포함하지 않고 seed값만 포함하였습니다. 눈 내리는 야외라서 옷은 다르게 입었지만, 캐릭터의 얼굴이 크게 다르지 않고 Hyperrealism 프롬프트를 넣어서 빛과 그림자 같은 것들도 비슷하게 나왔기에 같은 캐릭터를 다양한 환경에서 표현할 수 있게 되었습니다.

Hyperrealism 외에 작가명을 붙이거나 그림 도구를 넣어 그림체를 특색 있게 맞출 수 있습니다.

예를 들어 다음과 같이 프롬프트 앞에 화가의 이름과 도구를 적은 후 나머지 묘사를 하면 일관된 결과물을 얻을 수 있습니다.

Painted By Alan Lee, Watercolor Painting, cute girl. she has brown short hair, standing in an autumn garden. --ar 16:9 --q 2 --niji 5 --style scenic

Painted By Alan Lee, Watercolor Painting, cute girl she has brown short hair, sitting on living room couch. --ar 16:9 --q 2 --seed 4046512845 --niji 5 --style scenic

화가와 그리기 도구, 거기에 조금 더 자세한 프롬프트로 환경 묘사와 자세, 표정 등의 프롬프트를 입력하면 게임의 특정한 장면을 비슷하게 계속 만들어갈 수 있습니다.

6.2 그림책 만들기

이번에는 미드저니로 그림책을 만들어보겠습니다. 미드저니는 니지저니에 비해 훨씬 다양한 키워드를 사용할 수 있어, 원하는 결과를 얻을 수 있는 확률이 더 높습니다. 인공지능이 그림을 그리기 위해선 해당 단어와 매칭되는 이미지를 많이 학습해야 합니다. 미드저니에 비해 니지저니의 학습량이 많이 부족하기에 니지저니에게 같은 단어를 넣어도 이해하지 못하여 원하는 이미지와 다른 결과가 나올 가능성이 높습니다. 또한 학습한 이미지의 화가나 화풍을 따로 학습하지 않아 기대했던 것과 다른 결과가 나올 수 있습니다.

미드저니를 통해 만화책을 출판한 후 저작권을 인정받았다는 뉴스가 있었습니다. 미드저니가 만들어준 이미지만으로는 저작권을 이용한 저작료를 받을 수 없지만, 이 그림을 이용하여 자신만의 콘텐츠를 만들었다면 저작권이 인정된다는 뉴스였습니다.[*] 이 책을 읽는 여러분도 미드저니나 니지저니를 이용하여 자신만의 그림책을 만들어보는 것은 어떨까요? 많은 사람이 그림 없는 일반 소설보다 훨씬 접하기 쉽지 않을까요?

만화를 만들 수도 있지만, 이 책에서는 조금 더 쉬운 그림책 혹은 동화책을 만들어보겠습니다.

일단 그림체를 정해야 합니다. 많은 글이 들어가지 않는 동화책이라면, 동글동글한 그림이 들어가면 더 좋을 것 같으니 그런 방향으로 설명해보겠습니다.

Gond Painting을 이용하면 독특한 그림을 얻을 수 있을 것 같으니 이 그림체로 실험해보겠습니다.

---

[*] https://ko.wikipedia.org/wiki/여명의_자리야

Storybook Illustration, Gond Painting, A large lake at the
foot of a cliff. sky View --ar 4:3 --v 5, A large lake at
the foot of a cliff. sky View --ar 4:3 --v 5

책에 들어갈 그림을 만들기 위해 먼저 이미지의 비율을 결정해야 합니다. 앞서 게임의 경우에는 1920×1080px (fullHD) 또는 3840×2160px(4K)과 동일하게 16:9로 했지만, 그림책 또는 카드뉴스의 비율이라면 1:1이 적당할 것 같습니다. 게임이나 책이 아니더라도 용도에 맞게 비율을 지정하는 습관을 들이면 좋습니다.

아래 내용을 기반으로 다섯 장의 이미지가 들어간 그림책을 만들어보겠습니다.

> 한밤중에만 나타나는 요정을 직접 만나보고 싶었다.
> 호숫가 근처에서 텐트를 치고 야영하며 기다렸다.
> 밤이 되자 호수 위에 작은 빛이 떠다녔다.
> "요정님! 친구가 되어주세요."
> 내가 외친 순간 호수에 떠 있던 모든 빛이 사라졌다.

그림책 역시 주인공 소년의 모습을 일관성 있게 유지하는 것이 중요합니다. 이번에는 소년에게 이름을 부여해서 그림체를 유지해보도록 하겠습니다.

머리카락 색상, 옷 스타일 등으로 통일하는 방법도 있지만, 이름을 사용하면 미드저니 나름대로 그 이름에 어울리는 캐릭터를 만들어주는 경향이 있습니다.

여기서는 소년의 이름을 Finn이라고 해보겠습니다.

Storybook Illustration, Gond Painting, A boy named Finn is writing at his desk, thinking about something. --ar 1:1 --q 2 --v 5.1

Storybook Illustration, Gond Painting, A boy named Finn is camping with gear and pitched tent near the lakeshore. --ar 1:1 --q 2 --v 5.1

Storybook Illustration, Gond Painting, In
the middle of the night, a small light
floated on a lake. --ar 1:1 --q 2 --v 5.1

Storybook Illustration, Gond Painting, A boy
named Finn sad "Fairy, please be my friend."
in midnight lakeside, a small light floated
on a lake. --ar 1:1 --q 2 --v 5.1

Storybook Illustration, Gond Painting, A boy
named Finn are Sitting on a Dark Lakeside
alone --ar 1:1 --q 2 --v 5.1

이 이미지를 이용하여 망고보드(https://www.mangoboard.net/)에서 텍스트를 입력해 그림책을 만들어볼 수 있습니다. 이 사이트를 통해 간단하게 동화책처럼 만들어보았습니다.

6.3 실생활에 필요한 이미지 만들기

미드저니와 니지저니 모두 훌륭한 이미지 제작 도구입니다. 이런 이미지 제작 도구를 이용하여 매장을 운영하기 위한 포스터를 만들거나, 앱을 만드는 데 필요한 배경 이미지, 일러스트, 아이콘 등을 만들 수 있습니다. 또한 새로운 아이디어가 떠오르지 않을 때, 만들어준 이미지를 참고하여 시간을 줄일 수 있습니다.

물건 및 이미지 디자인

■ 쇼핑백 디자인

Shopping bags design. --v 5.2
--style raw

■ 독특한 생명체

The glowing brain of a jellyfish.
--v 5

■ 새로운 타입의 우산

designed big Umbrella --v 5

■ 우비 디자인

designed rain jackets. --v 5.1

■ 퀼트 디자인

Quilt design. birds and red fox --ar 4:3
--v 4

Quilt design. ship on ocean --ar 4:3 --v
5.1

■ 멋진 의자

A very nice wooden bench --ar 4:3
--v 5.1

■ 아름다운 12면체 주사위

A beautifully designed
dodecahedral die. --ar 4:3 --v 5

■ 화려한 문양의 쿠션

Pretty pillows design in red color --v 4

■ 이야기의 시작

Maps and treasures. --ar 4:3 --v 5 --q 5

■ 인형 옷과 캐릭터 디자인

Dressing a Girl Designing a Dress for
a Doll --ar 4:3 --style cute

cute sd animal character
concept art character
sheet --ar 4:3 --niji 5

앱에 적용하기

이번에는 실제 업무에 사용했던 예입니다. 카페 키오스크 앱을 만들 때 전문가의 이미지와 함께 미드저니와 니지저니로 만든 이미지를 사용했습니다. 사진과 유사한 이미지를 만들기도 하고, 때로는 장난스러운 일러스트를 만들어 첨부하기도 했습니다. 여기서 보여드리는 사진이 실제 앱에 쓰인 사진은 아니지만, 그때 만들었던 것을 기반으로 몇 가지 이미지를 보여드리겠습니다.

Iced Americano in a beautifully designed clear glass. --ar 2:3 --q 5 --v 4

Hot Americano in a white paper cup. --ar 2:3 --v 5

위의 이미지처럼 사진과 같은 이미지를 만들어서 키오스크 메뉴 아이콘으로 사용할 수 있습니다. 게다가 단순한 프롬프트는 일관된 이미지를 만들어줄 가능성이 크기에, 커피 외에도 다양한 메뉴를 인공지능의 도움만으로 만들 수 있습니다.

또한, 어린이가 좋아할 만한 메뉴를 표현하기 위한 장난스러운 느낌의 이미지도 니지저니를 통해
만들 수 있습니다.

Iced cocoa in a clear glass. Cute
design with eyes. In the form of an
emoji. --ar 2:3 --niji 5

Hot cocoa in a paper cup. Cute design
with eyes. In the form of an emoji. --ar
2:3 --niji 5

이런 느낌의 프롬프트를 통해 차가운 음료, 따뜻한 음료의 이미지를 다양한 메뉴로 만들 수 있으
며, 리터칭이 가능한 사람이 있다면 시간과 비용을 절약하고 높은 퀄리티의 결과물을 얻을 수 있
습니다.

또한, 앱의 배경을 만드는 데도 미드저니의 도움을 받을 수 있습니다.

There are a lot of people in a cafe drinking coffee and chatting. A work of art painted by a famous painter. --ar 2:3 --v 5

키오스크의 대기화면에 이런 이미지를 첨부할 수도 있으며, 비슷한 이미지를 다양한 공간에 배치할 수 있습니다.

단순한 하얀 배경만으로는 무언가 아쉬울 때 예쁜 배경 그림을 그려주기도 합니다. 다음과 같은 배경을 넣은 앱을 만든다면 아무런 색이 없는 앱에 비해 훨씬 퀄리티가 높아 보이지 않을까요?

```
Pretty, soft, white base simple
wallpapers, full screen, --ar 9:16 --q
2 --v 4
```

```
Pretty, soft, black base simple
wallpapers, full screen, --ar 9:16 --q 2
--v 4
```

키오스크, 모바일 앱 외에 다양한 곳의 디자인을 만들 수 있습니다. 필요에 따라 활용하기 나름이니 잘 어울릴 만한 그림을 떠올리기만 하면 됩니다.

생성한 이미지를 바로 사용하지 않고 아이디어를 구상하는 데도 쓸 수 있습니다. 웹 페이지의 구성을 짜보기도 하고, 애플리케이션의 UI를 그려볼 수도 있습니다.

다음은 식당의 온보딩 웹 페이지의 제작 아이디어를 요청하는 예제입니다.

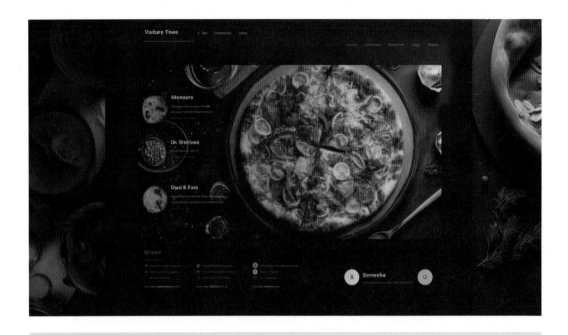

Beautiful UI design on the web. Onboarding site for a restaurant. --ar 16:9 --v 5

다음은 데스크톱 애플리케이션의 디자인을 요청해보겠습니다.

Example UI design for a beautiful desktop application --ar 16:9 --v 5

물론 생성된 이미지를 웹 페이지나 애플리케이션에 그대로 사용할 수는 없지만, 전체적인 레이아웃의 구성이나 UI 디자인을 참고할 수 있습니다.

모바일 애플리케이션의 UI를 구상할 때도 미드저니로 미리 이미지를 만들어보면 충분히 도움받을 수 있습니다.

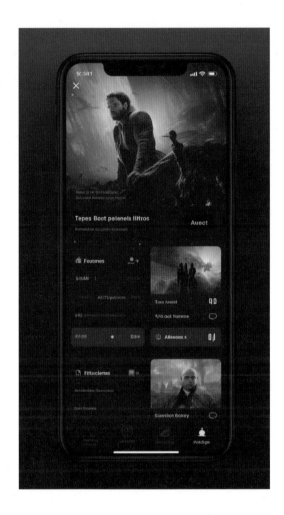

Designing a beautiful app to book movies.
--ar 9:16 --v 5

여러분이 만약 프로그래머라면, 미드저니로 만든 것 중 마음에 드는 결과물을 참고하여 직접 코딩해서 디자인하는 방법도 좋겠습니다.

애플리케이션 아이콘

애플리케이션 아이콘 역시 만들 수 있습니다. 다음과 같은 프롬프트로 손쉽게 아이콘을 만들어보세요.

ios icon for speaker app. Flat render,
subtle gradients, no letters. --v 5.1

android icon for Travel app. Flat render,
subtle gradients, no letters. --v 5.1

진솔한 서평을 올려주세요!

이 책 또는 이미 읽은 제이펍의 책이 있다면, 장단점을 잘 보여주는 솔직한 서평을 올려주세요.
매월 최대 5건의 우수 서평을 선별하여 원하는 제이펍 도서를 1권씩 드립니다!

- **서평 이벤트 참여 방법**
  - ❶ 제이펍 책을 읽고 자신의 블로그나 SNS, 각 인터넷 서점 리뷰란에 서평을 올린다.
  - ❷ 서평이 작성된 URL과 함께 review@jpub.kr로 메일을 보내 응모한다.

- **서평 당선자 발표**
  - 매월 첫째 주 제이펍 홈페이지(www.jpub.kr)에 공지하고, 해당 당선자에게는 메일로 연락을 드립니다.
  - 단, 서평단에 선정되어 작성한 서평은 응모 대상에서 제외합니다.

독자 여러분의 응원과 채찍질을 받아 더 나은 책을 만들 수 있도록 도와주시기 바랍니다.

APPENDIX

키워드 도감

키워드 도감

3장 '키워드의 마법'에서 키워드에 대해 설명했습니다. 생성형 인공지능에 동일한 키워드를 넣더라도 항상 같은 이미지가 만들어지는 것은 아니지만, 어떤 분위기의 이미지가 생성되는지 이해하고 있다면 원하는 이미지를 얻는 데 도움이 됩니다. 다양한 키워드로 만든 부록의 이미지를 참고해서 원하는 이미지를 만드는 데 활용하길 바랍니다. 키워드는 상단에 표기해 놓았고, 왼쪽이 니지저니로 만든 이미지, 오른쪽이 미드저니로 만든 이미지입니다.

1-bit

2-bit

3D Model

3D Render

Abanindranath Tagore

Abstract Expressionism

Acacia-Wood

Alec Monopoly

Alice Pasquini

Alphonso Mucha

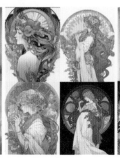 

Amate

Amethyst

Amulet

Anachronism

Ancient Egyptian Papyri

Ancient Roman Mosaic

Andesite

Annie Soudain

Art Nouveau

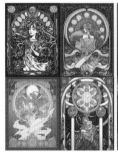

Artstation-Art

artwork by Akari Toriyama

artwork by Akihiko Yoshida

artwork by Anna Sui

artwork by Anthony Van Dyck

artwork by Yvonne Coomber

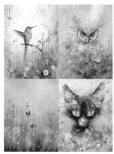 

ASCII

 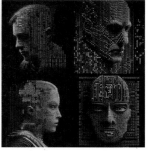

Asphalt

Atrium

Attic

Auditory-Visual Synesthesia

Audrey Kawasaki

Aura Synesthesia

Avant-Garde

Azulejo

Backlight

Badge

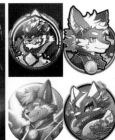

Balcony

Baroque

217

Basement

Bathroom

Bayeux Tapestry

Bean-Bag

Bedroom

Bench

Biedermeier

Bill Jacklin

Billboard

Birch-Wood

Blimp

Bling

Blocky

Blueprint

Bohemianism

Bow Tie

219

Bracelet

Bread

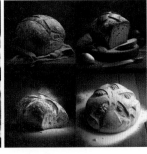

Brick

Brocade

Bubble

Bubble Design

Cameo Glass

Camouflage

Cardboard

Cards

Carved Lacquer

Cedar-Wood

Celtic Maze

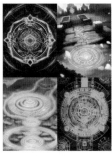

Ceramic

Chain

 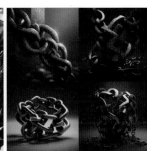

Chain-Link

 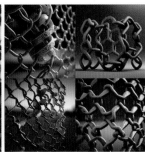

Character Design

Character Portrait

Cherry-Wood

Chiaroscuro

Chintzware

Chords-Color Synesthesia

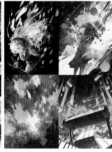
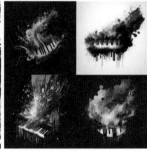

Christmas Lights

Chrysoprase

Cityscape

Classical Realism

Classicism

Clip Art

Clock

Closet

Clouds

Coal

Cobblestone

Concepts-Color Synesthesia

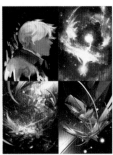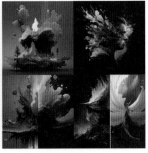

Concrete

Conservatory

Contemporary Realism

Cork

Cosmic Horror

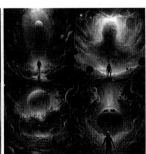

Cubism

Cyberpunk

Cyberspace

Dadaism

Damask Patterns

Daron Nefcy

Decal

Deep Dream

Diagrammatic

Diamonds

 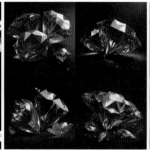

Dining Room

Diorite

Disney

Dreamcatcher

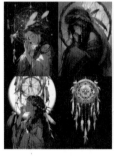 

Dreamworks

Dress

Drop Art

Dust

Dutch Golden Age

Ember

Emerald

Enamel

Enameled Glass

Encaustic Tile

Enchanting Atmosphere

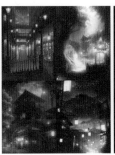 

227

Envelope

Escapism

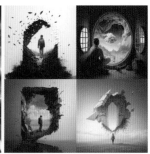

Etching

Ethereal

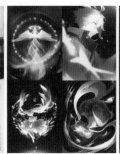

Expressionism

Fedora

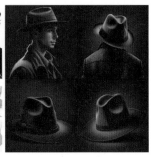

Fence

Fingerprint

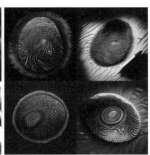

Fire

Firework

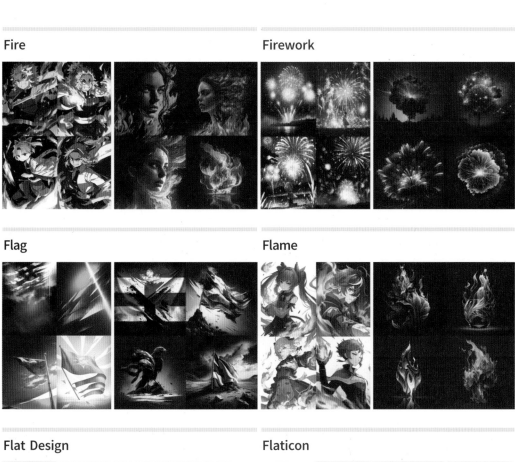

Flag

Flame

Flat Design

Flaticon

Fluxus Art Movement

Fog

Folk Art

Foreshortening

Fossil

Framestore

Front Room

Fruit-Tart

Fullerene

Garage

Glasses

Glassy

Gothic

Granite

Graph Paper

Graphene

Gravel

 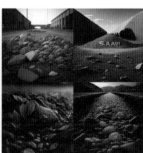

Grunge Revival Design

Guest Room

Gustav Klimt

Gypsum

Hall of Mirrors

Hardboard

Hat

Heatmap

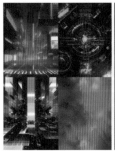

Herakut

Hot Air Balloon

Imageworks

Impressionism

Impressionist Mosaic

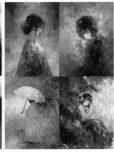

Iris Scott

Items

Jeans

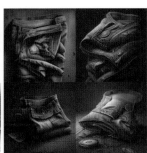

Jewel Tones

Jewelry

Jigsaw

 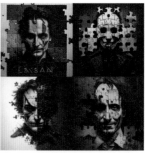

Jumpsuit

Jurassic

Kirigami

Kitchen

Lascaux

Laundry Room

Lego

Letterboxing

Library

Lightpainting

 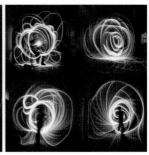

Ligne Claire

Limestone

Lissajous

 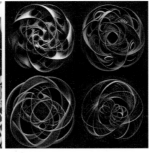

Lithography

Lithophane

Living Room

Lo-fi

Lollipop

Lounge

Lovecraftian

Lowbrow

Lowpoly

Lumber

Lumen Reflections

Macabre

Manga

Map

 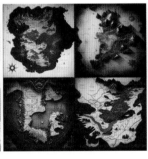

Maple-Wood

Marble

Marbles

 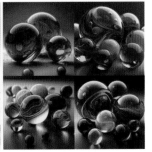

Marquetry

Maze

 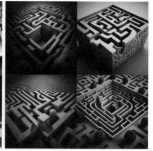

Medieval Parchment

Medievalism

MentalRay-Render

Metal Foam

 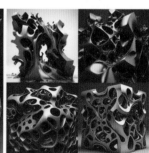

Meteorite

Micromosaic

Mineral

Minimalist

 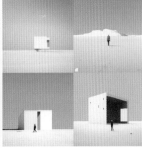

Mirror

Mist

 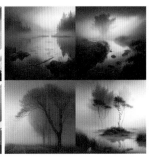

Mitochondria

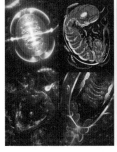 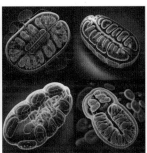

Modernism

Molecular

Monotype

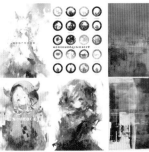 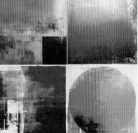

239

Mosaic

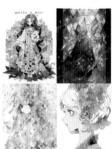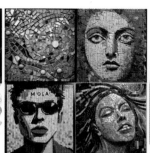

Mozarabic Art

Muralism

Music-Color Synesthesia

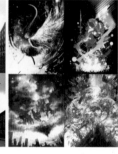

Music-Temperature Synesthesia

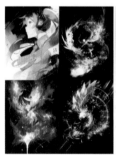

Music-Vision Synesthesia

Mystical

Mystical Atmosphere

Nail

Naturalism

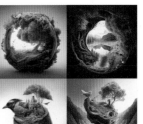

Nebulous Art

Necktie

Neue Sachlichkeit

Newtons-Cradle

Oak-Wood

Oddly Satisfying

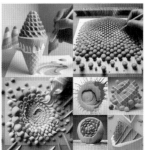

Office

Olive Oil

Orientalism

Origami

Ornamental

Ornate

Outfit

Paining By Adolph Menzel

Painting By Junji Ito

Painting By Van Gogh

Paper

Paper Clips

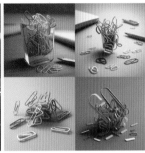

Papercutting

Particle-Board

Patterns

Pebbles

Pencil Art

Petrified Wood

Photobash

Physically Based Rendering

Pictogram

Pictorialism

Pietra Dura

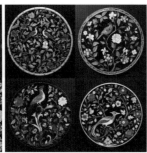

Pillar

Pine-Wood

Pixar

Pixel Art

Pixelscape

 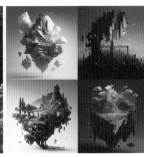

Pixiv

Pizza

Plastic-Coated Paper

Platinum

Polo

Pop-Art

Porch

Postcolonial Art

Post-Impressionism

Post-It Note

Pottery

Pretzel

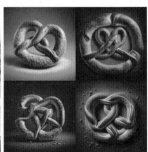

Pyrography

Rainforest

Ray Tracing Reflections

Realism

Red coral

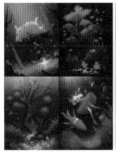

Reflection in a Puddle

Renaissance

Rendering

247

Ribbons

Rococo

Rolling Paper

Rooftop

Room

Rose-Gold

Rubik's Cube

Runic Carving

Rusty

Sand

Sandpaper

Sandstone

Sapphire

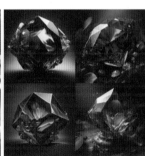

Sarah Andersen

Scaffolding

Sci-fi

Scrimshaw

Seaglass

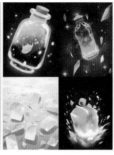

Seashell

Shoes

Silhouette

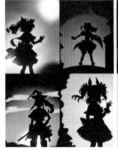

Silicon Render

Sketch

SketchUp

Slate

Smoke

Sound-Shape Synesthesia

Sound-Texture Synesthesia

Stained Glass

Stained Glass Windows

Stamp

Sterling Silver

Sticker

Stone Tablet

Store-Brand

Study room

Sumatraism

Sunlight

Sun-Room

Surface-Blur

Tactile Design

Tarot Card

Teapot

Terracotta

Terragen

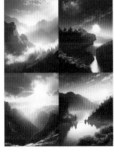

Tile

Tilemap

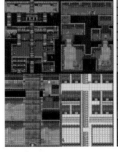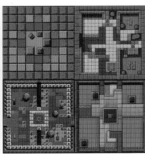

Tim Biskup

Tissue Paper

Toilet Paper

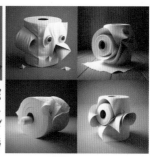

Tonalism

Topographic

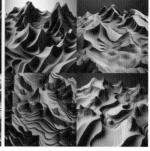

Traditional Art

Trinket

Triptych

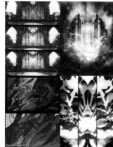

Trophy

Tuxedo

Ukiyo-e

Uniform

Unity Engine

Unreal Engine

Voxel Art

Vray

Wallpaper

Water Reflection

Wearable

Wedding Cake

Windy

Wine

Wine-Cellar

 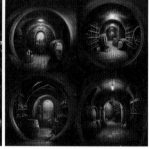

Wiremap

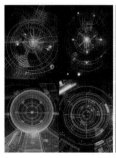 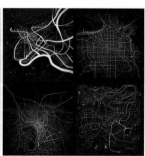

Wonderland

Wood Veneer

Woodblock Print

Woodcut

Wooden

Wooden Planks

Wood-Stain

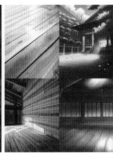

Wrapping Paper

Wristwatch

Yardstick

Zbrush

Zellij Patterns

Zorb

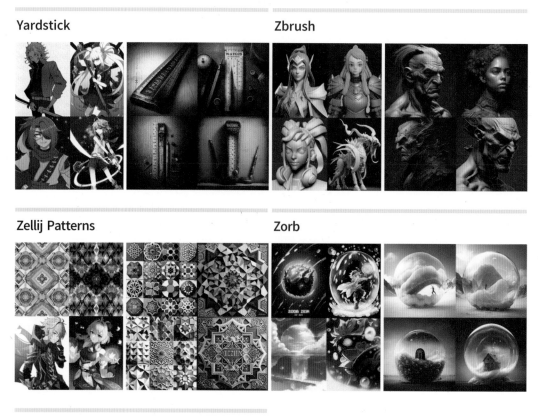

Zygomorphic

지면 한계로 싣지 못한 그림은 https://journey.wildmagic.co.kr를 통해 제공합니다. 여러분의 AI 아트 활동에 도움이 되길 바랍니다.